H.

Carl Schmi

Carl Schmitt und Thomas Hobbes

Ideelle Beziehungen und aktuelle Bedeutung
mit einer Abhandlung über: Die Frühschriften Carl Schmitts

Von

Helmut Rumpf

DUNCKER & HUMBLOT / BERLIN

Alle Rechte vorbehalten
© 1972 Duncker & Humblot, Berlin 41
Gedruckt 1972 bei Richard Schröter, Berlin 61
Printed in Germany

ISBN 3 428 02630 6

Dem Andenken meines Vaters
Wilhelm Rumpf

Vorwort

Diese Abhandlung verfolgt eine doppelte Absicht: sie will die wichtigsten derjenigen Arbeiten Carl Schmitts, die man als politologisch qualifizieren kann, möglichst unvoreingenommen analysieren und dem Leser, von dem ähnliche Unvoreingenommenheit erhofft wird, in ihren Grundzügen nahe bringen. Sie will aber auch die ideellen Beziehungen aussondern und beleuchten, die das Werk von Carl Schmitt mit dem von Thomas Hobbes verbinden. Die Bedeutung von Hobbes für das Verständnis des Schmittschen Denkens ist Kennern schon lange bewußt.

Der Verfasser befaßt sich seit langem mit dem rechts- und staatswissenschaftlichen Werk Carl Schmitts. Er verdankt der Beschäftigung damit auch die Anregung zur näheren Bekanntschaft mit den Schriften des Thomas Hobbes. Er gehört nicht zu dem engeren Kreis der eigentlichen Freunde und Schüler von C. S., deren wechselseitige Treue sich auch in wechselseitigen lobenden Zitaten erweist. Er fühlt sich aber auch nicht als prinzipieller wissenschaftlicher Gegner oder als absoluter ideologischer Widersacher von C. S. und wertet die in den fünfziger und sechziger Jahren aufsprießenden Anti-Schmittiana deutschsprachiger Juristen und Politologen überwiegend als Zeugnisse einer zeitbeherrschenden Gesinnung. Auch wenn er sich von einzelnen Thesen und Phasen des Autors kritisch distanziert, versagt er dem Reichtum seiner Gedanken, dem durchdringenden Blick seiner staatsphilosophischen Einsicht, der Kunst seiner Formulierung nie den Respekt.

Im zweiten Teil konnte es nicht ausbleiben, daß die Frage nach der währenden Bedeutung von Thomas Hobbes in den Vordergrund trat.

Bad Godesberg im August 1971

Der Verfasser

Inhalt

Erster Teil

Die Frühschriften Carl Schmitts

I. Carl Schmitt und die Politische Wissenschaft

Die politische Wissenschaft, die sich nach dem Zweiten Weltkrieg an den westdeutschen Universitäten etabliert hat, steht dem Werk Carl Schmitts immer noch vorurteilsbefangen gegenüber. Man hat den Eindruck, als vermöchte sie es in ihrer Mehrheit noch nicht als ein wissenschaftliches Werk zu betrachten, dessen vielfältige Gedanken und vielseitige Aspekte verschiedener und differenzierter Betrachtung, Bewertung und Verwendung fähig und würdig sind. Es scheint vielen ihrer Vertreter schlechthin als Antithese zu gelten. Seinen Schöpfer bekämpft sie mit der Feder als ihren Feind, als einen Dämon, den unschädlich zu machen, als Verführer, vor dem die akademische Jugend zu bewahren, eine politisch-pädagogische Aufgabe ist. Die deutsche Rechtswissenschaft der Nachkriegszeit hat sich eine so einseitig polemische Einstellung nie erlauben können, obwohl auch in ihrem Kreise die Zahl seiner wissenschaftlichen und politischen Gegner die seiner offenen und geheimen Anhänger gewiß erheblich überwiegt. Die meisten deutschen Staatsrechtler waren sich der konstruktiven Beiträge Carl Schmitts zur Verfassungslehre und zum Staatsrecht der Weimarer Demokratie zu sehr bewußt, als daß sie ihn so einfach hätten verwerfen oder verschweigen können, ohne gegen die Gebote der wissenschaftlichen Redlichkeit zu verstoßen. Dabei braucht von der Anhänglichkeit und geistigen Prägung derer, die bei ihm promoviert oder sich habilitiert hatten, gar keine Rede zu sein. Auch braucht nicht verschwiegen zu werden, wie leidenschaftlich sich gerade juristische Fachgenossen wiederholt empört haben, wenn sie vermuteten, daß sein Ruhm oder sein Einfluß wieder aufleben[1].

---

[1] Vgl. *Erich Kaufmann*, Carl Schmitt und seine Schule, Deutsche Rundschau, 1958, S. 1015; Gesammelte Schriften Bd. III, 1960, S. 373; *A. Schüle*, Eine Festschrift, Juristenzeitung 1959, S. 729; *Hans Huber*, Besprechung der Carl Schmitt-Festschrift von 1958, in Zeitschrift für Schweizerisches Recht, Bd. 78, H. 8, 1959, S. 431/2; derselbe in Juri-

Die deutsche Politologie der Gegenwart aber hat — aus Gründen, die auch mit ihrer Entstehung und dem persönlichen Schicksal einiger ihrer Gründer zusammenhängen mögen — ein besonders verkrampftes Verhältnis zu dem deutschen Staatsdenker, der in diesem Jahrhundert neben *Kelsen* sich im In- und Ausland wohl den größten und schon fast legendären Namen gemacht hat[1a]. Die neuere Entwicklung gibt Anlaß, diese Lage neu zu überdenken und sich einmal zu fragen, was Carl Schmitt für die deutsche politische Wissenschaft im letzten Drittel des zwanzigsten Jahrhunderts wirklich bedeutet: ob er stets nur Antithese bleiben muß, oder ob er nicht auch Thesen geliefert hat, die im politischen Denken der Gegenwart ihren Platz behalten oder wieder erlangen können.

Der Versuch einer Beantwortung dieser Frage, der hier unternommen wird, kann nicht seine sämtlichen publizistischen Äußerungen berücksichtigen, sondern nur die wichtigeren und nur solche, die als Beiträge zur politischen Theorie in Betracht kommen. Die jetzt in zweiter Auflage (1969) vorliegende Erstlingsschrift „Gesetz und Urteil" von 1912 muß daher als rein juristische Arbeit unberücksichtigt bleiben.

Zwei Methoden, den Stoff zu gliedern, einen Überblick über die politologischen Aspekte dieses Werkes zu geben, sind denkbar: die werkgeschichtliche Darstellung, der Buchbericht, der solche Arbeiten des Verfassers hervorhebt, die als wesentliche Beiträge zur politischen Wissenschaft anzusehen sind; oder eine lexikalische Behandlung, die sich bemühen müßte, unter leitenden Stichworten wiederzugeben, was Carl Schmitt zu den großen Fragen der Politik zu sagen hat, wie etwa: Staat und Einzelmensch, Macht und Raum, Freund und Feind, Ausnahmezustand und Norm, Souveränität, Diktatur, Rechtsstaat, Legitimität, usw. Keine der beiden Methoden wäre der hier verfolgten Absicht, Carl Schmitts bleibenden Beitrag zur Politologie zu würdigen, angemessen. Die eine liefe Gefahr, sich in Inhaltsangaben einzelner Schriften zu erschöpfen, die andere würde die geschichtliche und biographische Bedingtheit und Entwicklung von Werk und Autor außer Acht lassen. Daher soll versucht werden, beide Verfahren so zu verbinden, daß die Zeitfolge der Veröffentlichungen im Prinzip eingehalten, zugleich aber

---

stenzeitung 1958, S. 341; *Helmut Ridder*, Ex oblivione malum, in Gesellschaft, Recht und Politik, W. Abendroth zum 60. Geburtstag, 1968, S. 305—332.

[1a] Aus der Sekundärliteratur zu C. S. ragt wegen der gründlichen Kenntnis des Werkes und des abgewogenen Urteils hervor die Abhandlung von *Hasso Hofmann*, Legitimität gegen Legalität, Reihe Politica Bd. 19, 1964.

der grundsätzliche Gehalt herausgearbeitet und über die Werkepochen hinweg verknüpft wird.

II. Der Wert des Staates

Die erste grundsätzliche Äußerung zur politischen Philosophie enthält die frühe Schrift „Der Wert des Staates und die Bedeutung des Einzelnen" (1914 und 1917)[2]. Obwohl vom Verfasser als rechtsphilosophische Abhandlung gedacht und ausgeführt, zeichnet sich in ihr bereits seine Grundeinstellung zum Staat und seiner Beziehung zum Einzelnen ab, die auch politologisch bedeutsam ist. So sehr sich seine Staatstheorien später entwickelt und gewandelt haben, ein Grundthema klingt damals schon durchdringend an, das sein Leitmotiv geblieben und für sein späteres Werk charakteristisch ist: dem Staat kommt höchster Wert, dem Individuum nur eine (relative) Bedeutung zu. Die Begründung, die der jugendliche Carl Schmitt für dieses Verhältnis von Staat und Individuum gibt, ist dem heute in der westlichen Welt vorherrschenden politischen Denken fremd und kaum noch verständlich. Sie ist aber auch vom nationalsozialistischen wie vom kommunistischen Kollektivismus gleich weit entfernt, denn weder ein Mythos vom Volk noch die Herrschaft einer Klasse oder das Ziel einer klassenlosen Gesellschaft waren es, die nach der These dieser Schrift das Individuum dem Staat im Range unterordnen. Die Rangordnung ergibt sich aus der Aufgabe des Staates, „Recht in der Welt zu verwirklichen" (S. 2), wodurch der Staat zum Mittelpunkt der Reihe: „Recht, Staat und Individuum" wird. Die Beweisführung ist insofern wahrhaft rechtsphilosophisch, als sowohl der Staat als auch der Einzelne Wert, Aufgabe und Bedeutung vom Recht und nur vom Recht empfangen, das Recht aber seinerseits nicht als die jeweilige positive Gesetzessammlung sondern als Rechtsethos, Rechtsidee, als „Naturrecht ohne Naturalismus" (S. 76) verstanden wird. Was immer das empirische Individuum an Wert besitzt, verdankt es nur einer Norm, dem Recht. Indem dieses Recht nur vom Staat und im Staat verwirklicht werden kann, hängt die Bedeutung und Stellung des Einzelnen vom Staat und seiner Rechtsordnung ab. In dieser Abhängigkeit sieht Carl Schmitt die Wertüberlegenheit des Staates.

---

[2] Verlag Jakob Hegner, Hellerau, 1917, 110 S.; 1. Aufl. 1914 bei Mohr, Tübingen, Nr. 4 der Carl-Schmitt-Bibliographie von Piet Tommissen (1953), die in Carl-Schmitt-Festschrift zum 70. Geburtstag (1959), S. 275 ff. nachgedruckt ist.

„Die Einheit, die in der Individualität liegt und ihren Wert ausmacht, kann immer nur ein geistiges Band sein, das in normativer Betrachtung gewonnen wird" (S. 7). Am logisch-systematischen Anfang dieser „rechtsphilosophischen Theorie des Staates" (S. 14) steht die Unterscheidung zwischen dem empirischen Individuum, das „zunächst nichts wie Tatsache" (S. 98), „eine gänzlich zufällige Einheit, ein zusammengewehter Haufen von Atomen ... ist" (S. 102) und dem Menschen als Zurechnungspunkt des Rechts und Subjekt eines Wertes. „Auch das Individuum, das von irgend einer Staatstheorie zum Wertmittelpunkt gemacht wird, muß sich mit seinem Wert legitimieren, denn von „Natur" hat nichts einen Wert, es gibt keinen andern Wert, als den, „welchen ihm das Gesetz bestimmt"[3]. Wenn aber der Einzelmensch seinen Wert nur aus dem (überpositiven) Recht bezieht, geht dieses Recht ihm vor und kann nur ein objektives sein, das nicht dem Meinen einzelner Menschen entspringt. Das Recht geht aber auch dem Staate vorher. Dieser ist nicht Schöpfer des Rechts, sondern das Recht ist Schöpfer des Staates (S. 46). So begründete Carl Schmitt in dieser frühen Schrift den „Primat des Rechts". Den Satz, „das Recht könne nur von der höchsten Gewalt ausgehen", kehrte er gegen die Machttheorie um und gab ihm den Inhalt, „daß höchste Gewalt nur das sein kann, was vom Rechte ausgeht" (S. 48). „Das Recht ist nicht im Staat, sondern der Staat ist im Recht" (a.a.O.). Daraus ergibt sich auch der Begriff des Rechtsstaates als eines Staates, „der ganz Funktion des Rechts werden will und, obwohl er die Normen, denen er sich unterwirft, auch selbst formuliert, sie nicht als Rechtsnormen ausgibt, bloß weil er selbst sie ausspricht. Er erkennt im Gegenteil ausdrücklich an, daß er sie nur deshalb ausspricht, weil sie Recht sind ..." (S. 50). Der Staat ist „das Rechtsgebilde, dessen Sinn ausschließlich in der Aufgabe besteht, Recht zu verwirklichen" (S. 52), er ist der Mittler zwischen dem Reich des Rechts und der Werte und dem Reich der Tatsachen. Darum ist er die höchste Gewalt und muß es sein (S. 38—55). Denn das Recht ist auf ihn angewiesen; erst der Staat bringt nämlich den Imperativ in das Recht, nur er kann es erzwingen. Die Erzwingbarkeit sieht der Verfasser nicht als wesentlich für den Rechtscharakter einer Norm an, vielmehr gehört die Tendenz zum Zwange auf die Seite des Staates, „als dem Mittel des Rechts", der das Recht zu verwirklichen hat (S. 56, 68).

---

[3] a.a.O., S. 98. Das Zitat am Ende des Satzes ist aus *Kant*, Grundlegung zur Metaphysik der Sitten, 2. Aufl., S. 79; vgl. *I. Kant*, Werke, Insel-Ausgabe, Band IV 1956, S. 69.

Der für manche heutigen Leser wegen seiner hohen Abstraktion gewiß nicht leicht zu verfolgende Gedankengang des Verfassers deutet auf einen philosophischen Hintergrund, in dem sich Vorstellungen des katholischen Naturrechtsdenkens und scholastischer Ontologie mit ihrer Unterscheidung zwischen Sein und Wesen (ens und essentia) mit Gedanken des deutschen Idealismus mischen. Naturrechtlich ist die Feststellung, daß das (ideale) Recht, indem es durch den Staat verwirklicht wird, durch ihn als Medium hindurchgeht, eine Modifikation erleidet, ein Moment des Empirischen aufnimmt. Das ist unvermeidlich, denn „zwischen jedem Konkretum und jedem Abstraktum liegt eine unüberwindliche Kluft". Der abstrakte Rechtsgedanke muß im positiven, staatlichen Gesetz Gestalt annehmen, „sein Inhalt wird durch einen Akt souveräner Entscheidung gesetzt" (S. 78/79). Die Rechtsverwirklichung durch den Staat ruft aber nicht nur das Bedürfnis nach einer konkreten Entscheidung hervor, sondern auch das Bestreben nach einer „bestimmten und unfehlbaren Instanz, die diese Formulierung gibt". (S. 81). Dafür wird die hierarchische Ordnung der Katholischen Kirche als ein „Beispiel in typischer Reinheit" angeführt. Anderseits liegt aber auch der Gedanke nahe, „den Vorgang der Verwirklichung, d. h. der Verstaatlichung des Rechts zum Schutze der abstrakten Norm einer Kontrolle zu unterwerfen, um das Recht vor der Macht zu schützen" (S. 82). Jede Kontrolle hat allerdings ihre Grenze daran, daß sie von Menschen ausgeübt werden muß, die ihre Macht mißbrauchen können. „Kein Gesetz kann sich selbst vollstrecken, es sind immer nur Menschen, die zu Hütern der Gesetze aufgestellt werden können, und wer selbst den Hütern nicht traut, dem hilft es nichts, ihnen wieder neue Hüter zu geben" (S. 83), heißt es an die Adresse derer, die dem Staat ewig mit Mißtrauen begegnen.

Auf seiner Rechtsverwirklichungs- und Ordnungsfunktion beruht nach Auffassung des jungen Carl Schmitt der hohe Wert des Staates, „als einer überindividuellen nicht interindividuellen Instanz, die ihre Würde keiner Schilderhebung der Einzelnen verdankt, sondern ihnen „mit originärer Autorität entgegentritt" (S. 85). Der Verfasser spricht mit Hochachtung von „der unerhörten Leistung, ein Meer zügellosen und bornierten Egoismus und rohester Instinkte wenigstens äußerlich eingedämmt und unschädlich gemacht und selbst den einflußreichen Bösewicht wenigstens zur Heuchelei gezwungen zu haben" (S. 84). „Durch die Anerkennung einer überpersönlichen Dignität des Staates", der weder als Sekuritätsanstalt noch als Wohlfahrtseinrichtung anzusehen ist, „verschwindet aber das einzelne konkrete Individuum". Der Staat ist Diener des Rechts, nicht des Individuums, das nur durch ihn existiert.

Daß sich schon in dieser frühen Abhandlung leitende Ideen und Motive abzeichnen, die im folgenden Werk Carl Schmitts zur Entfaltung kamen, wird jedem Kenner klar geworden sein. Nicht darauf kommt es aber hier an, sondern auf die Frage, ob eine solche Rechts- und Staatsphilosophie den Heutigen überhaupt noch etwas zu sagen hat. Der idealistische Rechtsbegriff kommt der soziologisch geschulten Gegenwart ebenso fremd vor wie die Entgegensetzung eines wertlosen „empirischen Individuums" mit einem „Selbst im höchsten Sinne", das ein „ethisches Gebilde" genannt wird (S. 88). Auch Schmitts Berufung auf die Kantische Ethik, für die das vernünftige Wesen und nicht das empirische, zufällige, der Sinnenwelt angehörende Individuum, sittlich autonom ist, wird dem zeitgenössischen Denken den Zugang zu dieser anti-individualistischen Staatstheorie nicht erleichtern.

Mit solchem Unverständnis hat der Verfasser schon 1917 gerechnet. „Die Impression solcher Sätze auf den lediglich modernen Menschen läßt sich leicht berechnen", bemerkte er in der Einleitung (S. 3). Der folgende Satz aber könnte auch fünfzig Jahre später geschrieben worden sein: „Der moderne Mensch in seinem normalen empirischen Typus ist der Ansicht, seine Zeit sei eine „freie", skeptische, autoritätsfeindliche und überaus individualistische Zeit, sie habe das Individuum erst eigentlich entdeckt und zu Ehren gebracht und uralte Traditionen und Autoritäten überwunden". Als Antwort weist Carl Schmitt auf die vielen kollektiven und kollektivierenden Erscheinungen jener (wie unserer) Zeit hin, die Maschine, die Organisation, die Technik, die Wirtschaft, den „Betrieb" schlechthin. Die Soziologie selbst nennt er ein Symptom für das Bewußtsein der Zusammenhänge, „ohne die der einzelne Mensch nicht gedacht werden kann". Der Kern der Antwort liegt aber in seiner rechtsphilosophischen Erwiderung: „mit den Denkvoraussetzungen und -weisen der exakten Naturwissenschaften läßt sich Wert und Recht des Einzelmenschen niemals begründen. Keine Bewertung kann bei der Individualität als lediglich empirischer Tatsache des einzelnen Menschen, jedes, der Menschenantlitz trägt, stehen bleiben" (S. 7). Nur eine Norm, eine Rechtsidee, verleihen dem Menschen seinen Rang und Wert in der Gesellschaft. Wenn die Verwirklichung dieser Norm und dieser Wertvorstellung jedoch nicht ohne den Staat möglich ist, erhält der Staat damit von selbst seine höhere Weihe.

Die Grundlinien dieses Gedankenganges, der in der Formel vom Staat als Mittelpunkt der Reihe „Recht, Staat, Individuum" kurzgeschrieben wurde, haben aber auch nach fünfzig Jahren noch ihren guten Sinn. Dies ist eine Epoche, in der ein neuer politischer Individualismus Triumphe über die Staatsautorität feiert, der von den christlichen Kirchen gesegnet und dogmatisch verteidigt, von den immer mächtiger werdenden Interessenverbänden aber für ihre Zwecke ausgenutzt wird. Da sollte man sich daran erinnern, daß die Würde des Menschen nur dort gewahrt werden kann, wo sie von einer mit Autorität ausgestatteten staatlichen Gemeinschaft anerkannt, gepflegt und geschützt wird. Der Glaube an vorstaatliche Menschenrechte, der mit dieser Schmittschen Formel durchaus vereinbar ist, bleibt nur solange lebendig, wie er von einem existierenden und lebensfähigen Staat als positives Gesetz verkündet, verbreitet, verfochten und verteidigt wird. Keine Vorstaatlichkeit vermag das Menschenrecht aus seiner Abhängigkeit vom Staat zu lösen, eine nachstaatliche Geltung kann es weder beanspruchen noch erwarten.

Die Gefahr für die Freiheit, die in der Konstruktion eines höheren Normgebildes Mensch mit seinen Anforderungen an die wirklich lebende menschliche Kreatur liegt, braucht nicht beschönigt zu werden, um den Wert des Staates für die Bewahrung der menschlichen Kultur und damit auch der Freiheit zu behaupten. Eine logische Begründung für diesen Wert gegeben zu haben, darin besteht die nachwirkende Bedeutung dieser Einzelschrift von Carl Schmitt.

III. Die politische Idee des Katholizismus

Seine frühen Arbeiten lassen noch deutlich Carl Schmitts Herkunft aus dem geistigen und kulturellen Bereich des deutschen Katholizismus erkennen, ohne daß er jemals ein christ-katholischer Staatsphilosoph gewesen wäre. Der Katholizismus wirkt in den Veröffentlichungen der ersten Schaffensperiode mehr als Habitus und Atmosphäre denn als Bekenntnis, er liegt ihm im Blut, nicht auf den Lippen. So sieht er in der zweiten hier zu nennenden Schrift, dem Essay „Römischer Katholizismus und Politische Form" (1. Auflage 1923, 2. Auflage 1925)[4] die Kirche distanziert mit dem Auge des Soziologen und politischen Denkers und doch auch zugleich des bewußten Katholiken. Daß diese Abhandlung in

---

[4] Hier nach der 2. Auflage zitiert. Vgl. Bibliographie Nr. 10.

zweiter Auflage in der vom „Verband der Vereine katholischer Akademiker zur Pflege der katholischen Weltanschauung" herausgegebenen Schriftenreihe „Der katholische Gedanke" mit bischöflichem Imprimatur erschienen ist, macht sie nach 48 Jahren nur noch lesenswerter. Sie beginnt mit einem der ersten geflügelten Worte, die der Verfasser geprägt hat: „Es gibt einen anti-römischen Affekt". „Aus ihm nährt sich", so heißt es weiter, „jener Kampf gegen Papismus, Jesuitismus und Klerikalismus, der einige Jahrhunderte europäischer Geschichte bewegt, mit einem riesenhaften Aufgebot von religiösen und politischen Energien". Wäre die kleine Schrift geschrieben worden, um den anti-römischen Affekt der Protestanten, Liberalen und Sozialisten jener Zeit zu erklären oder zu bekämpfen, der sich am Ergebnis des ersten vatikanischen Konzils neu entzündet hatte, — sie möchte nach dem zweiten Vaticanum wohl überholt und veraltet erscheinen. Mit ihren Gedanken über das Wesen der römischen Kirche und über ihr Verhältnis zu den Formen des Staates und der politischen Strömungen trägt sie jedoch noch zur nachkonziliaren Diskussion über Kirche und Welt, Kirche und Politik Wesentliches bei, und sei es auch als Antithese[5]. Es ist ein hohes Lied der Kirche als geistiger Institution, das da gesungen wird, wenn auch kein frommes und kein rührseliges. Die Kirche als Imperium, als Universalismus, als historischer Komplex, als soziologische Größe, als höchste Autorität wird hier entschieden bejaht und damit ein Begriff der Kirche entwickelt, zu dem in unserer nachkonziliaren Epoche, da fast nur noch vom individuellen Gewissen die Rede ist, sich kein Priester und kein Bischof, geschweige denn ein katholischer Publizist mehr zu bekennen wagt. Worauf es Schmitt ankam, war die tiefere Begründung jener Anpassungsfähigkeit gegenüber den politischen Mächten, die der Kirche und dem Katholizismus als geistiger Bewegung und Glaubensgemeinschaft so oft zum Vorwurf gemacht wurde. Er findet diese Begründung im Wesen der Katholischen Kirche als einer complexio oppositorum und in ihrer besonderen und erhabenen Art von Repräsentation.

„Es scheint keinen Gegensatz zu geben, den sie nicht umfaßt" (S. 10). Sie vereinigt das monarchische und das aristokratische Prinzip mit demokratischen Elementen in ihrer eigenen Verfassung. Sie kann mit Königstreuen und mit republikanischen Parteien, mit nationalen Freiheitsbewegungen und mit imperialistischen Mächten, mit Liberalen und Sozialisten Bündnisse auf Zeit eingehen. In Namen und Symbolen für

---

[5] Vgl. *Hans Barion,* Kirche oder Partei? Römischer Katholizismus und Politische Form, Der Staat, 4. Bd. (1965), S. 131—176.

Papst und Kirche — Vater, Mutter der Gläubigen, Braut Christi, verbinden sich schwer vereinbare Vorstellungen in mythischer Harmonie.

Carl Schmitt spricht in diesem Zusammenhang wiederholt von der „politischen Idee des Katholizismus" und meint damit nicht etwa die Idee des „politischen Katholizismus", d. h. des Gedankens, durch Kirche und Klerus auf die Tagespolitik dieses oder jenes Staates einzuwirken, sondern die Vorstellung vom Wesen der Kirche in ihrer weltlichen, organisierten Erscheinung, von der Kirche als societas perfecta und von ihrer Stellung zwischen den rein weltlichen societates, den nichts als politischen Mächten. Er sieht „das Wesen der römisch-katholischen complexio oppositorum in einer spezifisch formalen Überlegenheit über die Materie des menschlichen Lebens, wie sie bisher kein Imperium gekannt hat. . . . Diese formale Eigenart des römischen Katholizismus beruht auf der strengen Durchführung des Prinzips der Repräsentation" (S. 12). Die Kirche repräsentiert Christus als konkrete Persönlichkeit, sie repräsentiert aber auch die civitas humana. Daraus gewinnt sie das „Pathos der Autorität in seiner ganzen Reinheit" (S. 26), darauf beruht „die politische Macht des Katholizismus", nicht auf ökonomischen oder militärischen Machtmitteln (S. 25).

Wohl kein deutscher, katholischer politischer Publizist der letzten 50 Jahre hat der Kirche so klar und positiv einen innerweltlichen Machtanspruch zuerkannt, wie es in dieser Schrift geschah. „In der großen Geschichte der römischen Kirche steht neben dem Ethos der Gerechtigkeit auch das der eigenen Macht. Es ist noch gesteigert zu dem von Ruhm, Glanz und Ehre. Die Kirche will die königliche Braut Christi sein; sie repräsentiert den regierenden, herrschenden, siegenden Christus. Ihr Anspruch auf Ruhm und Ehre beruht im eminenten Sinne auf dem Gedanken der Repräsentation" (S. 43). Das Juristische wie das Ästhetische sind die großen Formen dieser Repräsentation (S. 30). So verteidigte der Carl Schmitt jener Schaffensperiode den kirchlichen Herrschaftsanspruch gegen die protestantische wie gegen die russisch-orthodoxe Kritik (Dostojewski), die der Kirche Verrat an der reinen Innerlichkeit des Christentums zum Vorwurf machen. „Die Kirche wird, wie jeder weltumfassende Imperialismus, wenn er sein Ziel erreicht, der Welt den Frieden bringen, aber darin erblickt eine formenfeindliche Angst den Sieg des Teufels" (S. 44).

Daß dies Bild der Kirche und ihrer Stellung in der Welt schon 1923, als der Verfasser es entwarf, nicht mehr zeitgemäß schien, war ihm durchaus bewußt, und so stellt er denn seine politische Idee des Katholi-

2*

zismus der ökonomischen Denkart gegenüber, in der Kapitalisten und Gewerkschaftler, Liberale und Sozialisten übereinstimmen. „Amerikanische Finanzleute und russische Bolschewisten finden sich zusammen im Kampf für das ökonomische Denken, das heißt im Kampf gegen die Politiker und die Juristen . . . und hier, im ökonomischen Denken, liegt ein wesentlicher Gegensatz der heutigen Zeit gegen die politische Idee des Katholizismus" (S. 19). „Die Kirche hat ihre besondere Rationalität" (S. 19), sie ist wesentlich juristisch und zeigt sich in der Würde des repräsentierenden priesterlichen Amts und in ihrer Humanität. Daher hält Schmitt „eine Vereinigung der Katholischen Kirche mit der heutigen Form des kapitalistischen Industrialismus" nicht für möglich. „Der Verbindung von Thron und Altar wird keine von Büro und Altar folgen, auch keine von Fabrik und Altar" (S. 33). Dies scheint in bewußtem Gegensatz gegen die marxistische Darstellung der Kirche als Magd des Kapitalismus, als Hort des Bürgertums geschrieben zu sein. Es schließt aber nicht aus, „daß der Katholizismus sich jeder Gesellschafts- und Staatsordnung anpassen wird, auch derjenigen, in der kapitalistische Unternehmer oder Gewerkschaften und Betriebsräte herrschen" (S. 33). Sobald sich eine Machtgruppe zur Staatsgewalt emporgeschwungen hat, ist sie für die Kirche ein geeigneter und zugleich ein notwendiger Partner geworden (S. 35). Obwohl die Katholische Kirche dem Kulturkreis des westlichen Europa mit seiner Humanitätsidee angehört, braucht sie nach Schmitts damaliger Vision dennoch künftige Bewegungen der Weltgeschichte, die er vom Osten, aus der Verbindung von Russentum und Industriearbeiterschaft, hervorkommen sah, nicht zu fürchten (S. 51/52).

So fremd oder unsympathisch dem politischen und religiösen Denken westeuropäischer Katholiken in den sechziger und siebziger Jahren dieses Jahrhunderts solche historisch-soziologischen Betrachtungen über ihre Kirche scheinen mögen, in einem können Carl Schmitts Erörterungen über römischen Katholizismus und politische Form noch Geltung auch im Zeitalter des II. Vaticanum beanspruchen: in der Erkenntnis nämlich, daß sich die Katholische Kirche mit keiner Gesellschaftsordnung, keiner Staatsform und keinem politischen System, mit keiner politischen Partei und wirtschaftspolitischen Richtung ein für allemal verbinden, identifizieren oder in Schicksalsgemeinschaft erklären kann und soll. Diese Distanz zur politischen Form wurde von Päpsten und Kirchenlehrern mindestens bis zu Pius XII gewahrt und gilt für die liberale Demokratie so gut wie für die absolute Monarchie. Carl Schmitt hat diese Haltung mit den Worten umschrieben: „Sub specie ihrer alles überlebenden Dauer braucht die Katholische Kirche sich hier nicht zu entscheiden, auch hier wird sie die complexio alles Überlebenden sein. Sie ist die Erbin" (S. 52). Ob das starke katholische Selbstbewußtsein, der kirchenpolitische Optimismus, die in diesen zwei Sätzen liegen, dem Zeitgenossen des zweiten Vaticanums, dem schon Beides abhandengekommen ist, neues Vertrauen geben könnten?

Einstweilen hat der Theologe Hans *Barion* festgestellt: „Der Hinweis Schmitts auf die, wie man heute zu sagen pflegt, eschatologische Bestimmtheit der Kirche und ihre daraus folgende Stellung abseits von jedem Zwang zu politischer Entscheidung harrt noch der Nutzbarmachung[6]." *Barion* hat in jüngster Zeit den Versuch gemacht, das von Schmitt gestellte Problem als Kanonist weiter zu diskutieren, und es in die Frage gefaßt, ob dem römischen Katholizismus „ein politisches System affin sei und gegebenenfalls welches oder welche"[7]. Aus kirchlichen Lehrbüchern zieht er das Fazit: Die Stellungnahme der Auctores probati läuft auf grundsätzliche Indifferenz gegenüber der politischen Form hinaus[8]. Sein eigener Schluß aber ist die Behauptung einer „Affinität zwischen Katholischer Kirche und liberalem Rechtsstaat, und zwar als eine naturrechtlich auf diese Form beschränkte Affinität"[9] — weil heute nur dieser Staat der Kirche die Möglichkeit gibt, die Religion zu bewahren. Daß die aus der geistigen und historischen Überlegenheit der römischen Kirche entwickelte Indifferenz gegenüber der politischen Form in dieser Weise eingeschränkt wird, ist allein schon ein Symptom für den Wandel des kirchenpolitischen Denkens seit der Veröffentlichung von Carl Schmitts Essay: indem er sich selbst nur noch als eine unter vielen Glaubensgemeinschaften versteht, die in der pluralistischen Gesellschaft konkurrieren, sucht der römische Katholizismus Zuflucht bei *der* politischen Form, die ihm noch am ehesten sich zu behaupten oder wenigstens zu existieren erlaubt. Vielleicht handelt es sich dabei aber auch nur um „eine unvermeidliche Entscheidung des gegenwärtigen Tages, der aktuellen Lage und jeder einzelnen Generation", von der auch Schmitt schon 1923/25 gesprochen hatte. „Hier muß die Kirche, auch wenn sie sich für keine der kämpfenden Parteien erklären kann, doch tatsächlich auf einer Seite stehen..." (S. 52/53). In der ersten Hälfte des 19. Jahrhunderts war es die gegenrevolutionäre Seite, späterhin die westeuropäische Zivilisation; heute ist es der Rechtsstaat,

---

[6] a.a.O., S. 144.
[7] a.a.O., S. 131.
[8] a.a.O., S. 141.
[9] a.a.O., S. 167.

der das erforderliche Minimum geistiger und persönlicher Freiheit gewährleistet.

In „Römischer Katholizismus und Politische Form" hat Carl Schmitt der politischen Wissenschaft nicht nur eine tief gegründete Stellungnahme zum Verhältnis von Staat und Kirche geliefert, sondern auch eine meisterliche Deutung des Sinnes des Repräsentationsgedankens in der sozialen Welt überhaupt[10]. Am Beispiel der Kirche legt er dar, daß nur abstrakte Ideen, erhabene Ganzheiten wie Gott, Christus, das Volk, die Nation oder auch Freiheit und Gleichheit repräsentiert werden können, und daß „die Repräsentation . . . der Person des Repräsentanten eine eigene Würde" gibt, „weil der Repräsentant eines hohen Wertes nicht wertlos sein kann" (S. 29). Repräsentation „ist kein dinghafter Begriff" und auch keine einfache Stellvertretung. Produktion und Konsum lassen sich so wenig repräsentieren, wie ein gleichgeordnetes Individuum das andere repräsentieren kann (S. 29).

Der Wert dieser frühen Abhandlung wird auch nicht durch die spätere persönliche und gedankliche Entwicklung des Autors aufgehoben, der in seiner nationalsozialistischen Periode „der Kirche lediglich einen bescheidenen Platz in jenem Bereich des sozialen Ganzen" einräumte, „der im Schutz und Schatten der politischen Entscheidungen gedeiht und mit dem Wort ‚Volk' benannt wird"[11].

IV. Politische Romantik

Kein Staatstheoretiker der Gegenwart verbindet in dem Grade wie Carl Schmitt den logisch-systematischen mit dem ideengeschichtlichen Denkansatz, ist in gleicher Weise in beiden Richtungen produktiv, in beiden Methoden überlegen. Man könnte nun annehmen, daß er zur politischen Wissenschaft nur, oder doch überwiegend, geistes- und literargeschichtliche Arbeiten beigesteuert hätte, während sich sein systematisches Denken mehr auf dem Felde der Rechtswissenschaft entfaltete. Die vier Einzelschriften aus der früheren Schaffenszeit, die man als wesensmäßig politologisch einordnen muß, „Politische Romantik", „Po-

---

[10] Darauf weist *Peter Schneider,* Ausnahmezustand und Norm, Eine Studie zur Rechtslehre von Carl Schmitt (1957), S. 75, hin.

[11] *Peter Schneider,* a.a.O., S. 220 mit Bezug auf Carl Schmitt „Staat, Bewegung, Volk (1933), 3. Aufl. 1935, S. 17, Anmerkung, wo es heißt: „Solange die Kirche keinen politischen Totalitätsanspruch erhebt, kann sie in der dritten, d. h. der autonomen Selbstverwaltungssphäre ihre Stelle finden."

litische Theologie", „Die Diktatur" und „Die geistesgeschichtliche Lage
des heutigen Parlamentarismus" sind denn auch ideen- und literargeschichtliche Abhandlungen von Rang und Ruf. Doch darin erschöpft
sich ihre Bedeutung nicht. Sie sind keinesfalls nur anerkannte Darstellun-
gen bestimmter Theorien und verflossener Strömungen in der politischen
Ideengeschichte oder auch nur Auseinandersetzungen mit oder Kommen-
tierungen von Schriftstellern wie Adam Müller, Bonald, Maistre, Donoso
Cortes, Bodin, Hobbes, Rousseau u. a. m. Sie enthalten alle auch Erkenntnisse von allgemeiner Tragweite und vor allem maßgebliche Be-
griffsbildungen. Nichts tut ja der Politologie (auch noch heute) mehr
not als klare, feste, eindeutige Begriffe. Solche kann sie bei Carl Schmitt
finden.

Von den vier erwähnten Monographien hat die über die „Politische
Romantik" die schmalste Breitenwirkung und verhältnismäßig wenig
Nachhall erzielt[12]. Ihre Aussagen sind anscheinend nur von Fachleuten
der politischen Ideengeschichte zur Kenntnis genommen und verwertet
worden. Jedenfalls trifft man auf Erwähnungen dieses Buches seltener
als auf Zitate der drei anderen. Juristen, im übrigen die eifrigsten Ver-
werter Carl Schmitts, konnten wohl niemals etwas Richtiges damit
anfangen. Das mag vor allem am Thema der politischen Romantik selbst
liegen und daran, daß *Adam Müller,* der darin als ihr Prototyp „ver-
rissen" wird, auch Historikern nur noch beschränkte Teilnahme abzu-
gewinnen vermag[12a]. Wenn hier dennoch bei diesem Buch etwas verweilt
wird, so deshalb, weil es, obwohl keine unmittelbaren Bezüge zur Gegenwart (auch nicht zu seiner Entstehungszeit 1917—1924) enthaltend,
eine Beschreibung typischer Einstellungen zur Welt der Politik zu bieten
scheint, die noch nicht untergegangen sind und wohl auch nie ganz
verschwinden werden. Solange es noch Romantik im politischen Denken,

---

[12] Zitiert nach der 2. Auflage, München u. Leipzig (1925); Bibliographie Nr. 6.
[12a] *Friedrich Meinecke,* Weltbürgertum und Nationalstaat, Ausgabe von 1962,
S. 114, Anmerkung 5, sieht in der Darstellung von C. S. eine „entscheidende Unter-
schätzung Müllers". Vgl. auch Meineckes Rezension der „Politischen Romantik" in
Historische Zeitschrift, 121 (1920), S. 292 ff. Im Rückblick auf das gesamte Werk von
C. S. findet man gewisse erstaunliche Ähnlichkeiten mit Müllers „Elementen der
Staatskunst" (1809) in einigen allgemeinen Aspekten und Bewertungen ihrer poli-
tischen Philosophie, mögen sich auch Begründung, Beweisführung und Stil beider
Verfasser himmelweit unterscheiden: so in der Auffassung vom Krieg als Wesens-
element des Politischen, vom wesensmäßigen Pluralismus der Staatenwelt, in der
Ablehnung des Naturrechts, in der hohen Bewertung des Staates, in der Kritik der
Gewaltenteilungslehre, in der Entgegensetzung von Idee und Begriff (konkretes
Ordnungsdenken contra Gesetzesdenken), ja sogar in der Betonung des Raum-
gedankens (Staatsbürger als „Raumgenossen" bei Müller).

Schreiben und Tun gibt, verspricht auch die „Politische Romantik" von Carl Schmitt noch einige Aufschlüsse.

Der Verfasser ist sich der Unschärfe, die der Begriff „Romantik" im Sprachgebrauch angenommen hat, bewußt und sucht ihn einzugrenzen und zugleich zu vertiefen. Die Darstellung der politischen Romantik setzt die Erkenntnis des romantischen Denkens schlechthin voraus. Romantik ist eine Geisteshaltung. Wenn C. S. sie an Schriftstellern der politischen Restauration des 19. Jahrhunderts, namentlich an Friedrich Schlegel und Adam Müller, beispielhaft macht, so will er damit die „Struktur des romantischen Geistes" überhaupt durchleuchten. Zum Unterschied von den allgemeinen und oberflächlichen Definitionen des romantischen Geistes als schwärmerisch, überspannt, wirklichkeitsfremd (exaltiert und irreal), bezeichnet Schmitt die „romantische Haltung" — „durch einen eigenartigen Begriff — den der *occasio*", den er „mit Vorstellungen wie Anlaß, Gelegenheit, vielleicht auch Zufall umschreiben" will (S. 22). Wesentlich ist diesem Begriff der Gegensatz zur Kausalität und zur Normativität. Das Gelegentliche und das Zufällige wird zum Prinzip — „Romantik ist subjektivierter Occasionalismus, d. h. im Romantischen behandelt das romantische Subjekt die Welt als Anlaß und Gelegenheit seiner romantischen Produktivität" (S. 23). Die „occasionelle Welt" ist „eine Welt ohne Substanz", eine Welt des Zufalls, die dem Romantiker nur Gelegenheit zu seinen subjektiv empfundenen Schöpfungen ist. Typisch romantische Denkweisen sind: die Flucht ins Vergangene oder ins Zukünftige, die „romantische Verklärung weit abwesender Dinge", die Negation des Hier und Heute im „romantischen Anderswo und Anderswann" (S. 104). „Der Romantiker weicht der Wirklichkeit aus" (S. 105), aber nicht ins Jenseits, auch nicht ins Nichts oder ins Nirgendwo (Utopia) sondern in eine andere, verklärte, in der Einbildung verschönte Realität.

Das Verhältnis des romantischen Geistes zur sozialen, politischen, geschichtlichen Wirklichkeit kennzeichnet Carl Schmitt mit einem Begriff, den er der Philosophie der Renaissance, insbesondere von Arnold *Geulincx* (1624—1669) und Nicolas *Malebranche* (1638—1715) entlehnte. So wie nach der Anthropologie des Occasionalismus Leib und Seele des Menschen in unvermittelter Zweiheit bei einander wohnen und nicht wechselseitig aufeinander wirken können, steht der romantische Geist der Realität gegenüber. Wie danach die seelischen Empfindungen „bei Gelegenheit" von leiblichen Bewegungen (nicht von ihnen verursacht) entstehen und wie umgekehrt die Muskelbewegungen „bei Gelegenheit" von Willensakten erzeugt und nicht von ihnen bestimmt werden, so schafft sich der romantische Geist sein Weltbild „bei Gelegenheit" der Erfahrung der Realität, nicht von ihr bewirkt, und läßt dabei seine subjektive Einstellung, seine Phantasie spielen.

Es ist eine eigenartige Ideologiekritik, die in dieser Anwendung eines eng begrenzten philosophiegeschichtlichen Begriffs auf das Phänomen der politischen Romantik unternommen wird. Sie kann nur als erkenntnistheoretische Analogie verstanden werden, denn der historische Occasionalismus hatte in Gott seine verbindende Kausalität, seine die Zweiheit zur Einheit fügende Macht. Eine nachcartesianische Lehre, nach der Gott sowohl den Leib wie die Seele nebeneinander bewegt, kann zum Verständnis der romantischen Mentalität eigentlich nur den einprägsamen Hinweis auf das unvermittelte Nebeneinander von Denken und Sein, von Geist und Realität beitragen[13]. Insoweit damit diese Diskrepanz gemeint ist, kann C. S.' Definition „Romantik ist subjektivierter Occasionalismus" (S. 23) als akzeptiert gelten, wenn auch der Begriff des Occasionalismus mittlerweile, besonders in der Sekundärliteratur zu Carl Schmitt als Synonym für Opportunismus gebraucht wird[14]. „Das Entscheidende in der strukturellen Besonderheit des Occasioanlismus" liegt für C. S. darin, „daß der Occasionalist einen Dualismus nicht erklärt, sondern ihn bestehen läßt, aber illusorisch macht, indem er in ein umfassendes Drittes ausweicht" (S. 126). Die Rolle des höheren Dritten könnte Gott, der Staat, die Gemeinschaft spielen (S. 128/9).

Politische Romantik ist nicht nur eine literarische Richtung im Zeitalter der Gegenrevolution und Restauration, dargestellt durch Friedrich Schlegel und Adam Müller, sie ist ein viel allgemeineres Phänomen. Gewiß, „die Romantik ist psychologisch und historisch ein Produkt bür-

---

[13] *Wilhelm Windelband,* Lehrbuch der Geschichte der Philosophie, 3. Aufl. (1903), S. 343, faßt die Erkenntnistheorie von Malebranche so zusammen: „Der Mensch erkennt nicht die Körper, sondern ihre Ideen in Gott. Diese intelligible Körperwelt in Gott ist einerseits das Urbild der von Gott geschaffenen wirklichen Körperwelt, andererseits dasjenige der von Gott uns mitgeteilten Ideen von ihr. Unsere Erkenntnis gleicht den wirklichen Körpern so, wie zwei Größen, die einer dritten gleich sind, auch untereinander gleich sind. So verstand es Malebranche, daß die Philosophie lehre, alle Dinge in Gott zu schauen."

[14] Vgl .C. S. Ausführungen zum philosophischen Occasionalismus in Politische Romantik, S. 123 ff. Vgl. hierzu: *Hans Reiss,* Politisches Denken in der deutschen Romantik, Dalp-Taschenbücher Bd. 386, 1966 und *Ricarda Huch,* Die Romantik, Sonderausgabe Bücher der Neunzehn, S. 618 ff.: Romantische Politik. Ferner: *Rainer Specht,* Commercium mentis et corporis, 1966.

gerlicher Sekurität" (S. 141), aber als Denk- und Verhaltensstruktur, als „occasionelle Haltung", im Mißverhältnis zur Wirklichkeit, ist sie zeitlos. Das „romantische Welt- und Lebensgefühl" vermag sich „mit den verschiedensten politischen Zuständen und entgegengesetzten philosophischen Theorien zu verbinden" (S. 160). Diese Aussage wird von der literarischen Bewegung des 19. Jahrhunderts gemacht, die abwechselnd revolutionär und konservativ war, sie gilt aber immer. Denn die „Wandelbarkeit des politischen Inhalts ist nicht zufällig, sondern eine Folge der occasionellen Haltung und tief im Wesen des Romantischen begründet, dessen Kern Passivität ist" (S. 160). Alles kann romantisch werden. „Der König ist eine romantische Figur wie der anarchistische Verschwörer, und der Kalif von Bagdad nicht weniger romantisch als der Patriarch von Jerusalem" (S. 222). Den spezifischen Zusammenhang politischer Romantik mit der Restauration, den man weithin annimmt, gelöst zu haben, ist die bleibende Erkenntnis dieser bedeutenden Einzelschrift. Weder zur Restauration noch zur Revolution hat politische Romantik eine notwendige Beziehung. Sie besteht nicht nur in der Verklärung des Alten, der „besonnten Vergangenheit", etwa der mittelalterlichen Ständeordnung, sondern auch in der Beschönigung und Verherrlichung des räumlich Fernen und des „neuen Zeitalters", der letzten „Errungenschaften". So ist es nicht von ungefähr, daß nicht nur der aufgeklärte Revolutionär seinen konservativen Gegner einen politischen Romantiker nennt, sondern auch der skeptische Konservative den schwärmerischen Neuerer ebenso betitelt. „Ob monarchische oder demokratische, konservative oder revolutionäre Gedanken romantisiert werden, ist für das Wesen des Romantischen gleich, sie bedeuten nur occasionelle Anknüpfungspunkte für die romantische Produktivität des schöpferischen Ich" (S. 227). Waren das Mittelalter oder das alte Griechentum das schönere Anderswann der Romantiker des 19. Jahrhunderts, so haben viele Romantiker des 20. Jahrhunderts ihr verklärtes Anderswo in Amerika, in Afrika oder in Asien, im Land der unbegrenzten Möglichkeiten, im schwarzen Erdteil oder im Land der Arbeiter und Bauern.

Für die Deutschen, die mehr als andere Völker zur Romantik in der Politik neigen, sind dies ernüchternde Feststellungen: Nicht nur Volkstum und Reich, Nation und Staat, auch der Arbeiter, die Werktätigen, der Sozialismus, der Rechtsstaat und der ewige Friede sind Gegenstände politischer Romantik — so könnte das Schlußkapitel anno 1971 ergänzt werden.

V. Antiliberalismus

In den ersten Jahren nach dem ersten Weltkrieg kreist Carl Schmitts Denken um die Begriffe Souveränität, Diktatur und Parlamentarismus. Die ideengeschichtliche wird mit der institutionengeschichtlichen Betrachtung, die literarhistorische mit der begriffs-systematischen Darstellung verbunden.

Die Schrift über „Politische Theologie" (1. Aufl. 1922, 2. Aufl. 1934)[15], deren Untertitel „Vier Kapitel zur Lehre von der Souveränität" lautet, hat sich dem politischen Denken und der politischen Literatur mit zwei Sentenzen eingeprägt: „Souverän ist, wer über den Ausnahmezustand entscheidet" (S. 11) und: „Alle prägnanten Begriffe der modernen Staatslehre sind säkularisierte theologische Begriffe" (S. 49). Beide Behauptungen sind, wie viele Schmittsche Thesen, überscharf zugespitzt, einseitig und vermitteln daher keine erschöpfenden, umfassenden Erklärungen. Wohl aber treffen sie einen wesentlichen, vielleicht den wesentlichsten Aspekt des Themas und packen ihn mit besonders einprägsamer Sprachgewalt. Beide sind auch immer wieder angefochten worden, namentlich die Souveränitätsformel, obwohl sie von ihrem Urheber unter Berufung auf Bodin begründet worden ist. Sie ist, wie Ernst Rudolf *Huber* richtig bemerkt hat, keine Aussage über Wesen und Gehalt der Souveränität, sondern sie nennt „ein Indiz, an dem der Träger der Souveränität in Zweifelsfällen zuverlässig erkannt werden kann. Das Indiz gilt nicht nur im Verhältnis zwischen mehreren Staatsorganen, sondern auch im Verhältnis zwischen Staaten, insbesondere zwischen dem Gesamtstaat und den Gliedstaaten in einem föderativen Verband"[16].

Carl Schmitt sieht das Problem der Souveränität „als Problem der Rechtsform und der Entscheidung" (S. 25—46) und findet den wahren Grund jeder juristischen Norm und jedes juristischen Urteils in einer politischen Entscheidung. Das Wesen der staatlichen Souveränität ist nicht ein Zwangs- oder Herrschaftsmonopol, sondern ein Entscheidungsmonopol. In dieser Schrift kommt Carl Schmitts viel diskutierter Dezisionismus besonders prägnant zum Ausdruck, der ihn von Anfang an in Gegensatz zum liberalen Normativismus der rechtsstaatlichen Doktrin gestellt hat. Soweit es sich dabei um eine rechtswissenschaftliche Denkart handelte, ist er schon in der Vorbemerkung zur zweiten Ausgabe der „Politischen Theologie" (1934) davon abgerückt, indem er sie durch ein

---

[15] Bibliographie Nr. 8, zitiert nach der 2. Ausgabe.
[16] *E. R. Huber,* Deutsche Verfassungsgeschichte seit 1789, Bd. I (1957) S. 667.

an Maurice Hauriou ausgerichtetes institutionelles Denken ergänzt, das er dann in der Abhandlung „Über die drei Arten rechtswissenschaftlichen Denkens" (1934) ausführlich entfaltet hat. Aus politologischer Sicht behält das Entscheidungsdenken die größere Bedeutung, weil es vor allem eine politikwissenschaftliche Denkweise ist und nie veralten oder überwunden werden kann; solange Menschen politisch handeln, entscheiden sie. Auch ist Carl Schmitt selbst immer wieder auf die Funktion der Dezision in der Politik zurückgekommen, vor allem in der „Verfassungslehre" (1928), in der er die Verfassung als „Gesamtentscheidung über Art und Form der politischen Einheit" (S. 20) definiert, und später z. B. in „Der Leviathan in der Staatslehre des Thomas Hobbes" (1938).

Zugleich wird in dieser an Umfang relativ kleinen Schrift (84 Seiten) bereits die anti-liberale Position in ihren Grundzügen abgesteckt, an der Carl Schmitt immer festgehalten hat. Es gibt keinen entschiedeneren, keinen scharfsinnigeren, keinen klügeren Kritiker des politischen Liberalismus. Er setzt sich mit allen seinen theoretischen Erscheinungsformen auseinander, ob es sich um Kelsens Identifikation von Staat und Rechtsordnung, Krabbes Lehre von der Rechtssouveränität, oder um staatsrechtliche Doktrinen zur Weimarer Verfassung handelt. In der „Politischen Theologie" werden vor allem zwei liberale Wesenszüge bloßgelegt: 1. die Neigung des rechtsstaatlichen Denkens, Begriff und Wesen der Souveränität zugunsten der perfekten Normierung zu beseitigen, und 2. die Tendenz des bürgerlichen Liberalismus, alle politische Aktivität ins Reden zu verlegen, zu diskutieren statt zu entscheiden und notfalls zu kämpfen. Einige der wichtigsten Äußerungen der Liberalismus-Kritik werden mit Aussprüchen der Staatsphilosophen der Gegenrevolution, de Maistre, Bonald und, hauptsächlich, Donoso Cortès belegt. Des letzteren Wort von der Bourgeoisie als der diskutierenden Klasse, der „clasa discutidora", hält Carl Schmitt für „das erstaunlichste Aperçu über den kontinentalen Liberalismus" (S. 79). Es hat seine Aktualität in der Epoche des Neo-Liberalismus in Westeuropa nach dem zweiten Weltkrieg erneut erwiesen. Mit Donoso Cortès war Carl Schmitt schon 1922 der Überzeugung, daß die „bürgerliche Klasse", da sie der Entscheidung ausweichen will, „einer Zeit sozialer Kämpfe nicht gewachsen ist" (S. 75)[17].

Daß alle „prägnanten Begriffe der modernen Staatslehre ... säkularisierte theologische Begriffe" seien, ist gewiß eine Übertreibung.

---

[17] Vgl. das Kapitel IV zur Staatsphilosophie der Gegenrevolution (de Maistre, Bonald, Donoso Cortès).

Trotzdem liegt in dem III. Kapitel, von dem die ganze Abhandlung den Namen hat, eine noch heute beachtenswerte Soziologie juristischer Begriffe, insbesondere des Souveränitätsbegriffs (S. 55 ff.). Die Ideologiekritik des Marxismus, die geistige Phänomene aus materiellen, insbesondere ökonomischen Ursachen erklären will, wird ebenso abgewiesen wie die rein spiritualistische Erklärung politischer Vorgänge, wie sie die gegenrevolutionären Schriftsteller boten. Die von C. S. vorgeschlagene Soziologie von Begriffen, wie z. B. Souveränität, geht vom Vergleich der begrifflichen Struktur mit der sozialen Struktur einer Epoche aus und findet eine Entsprechung von juristisch-politischen mit metaphysischen Begriffen. Es handelt sich um mehr als Analogien, wenn der „allmächtige Gott" mit dem „omnipotenten Gesetzgeber", das Wunder in der Theologie mit dem Ausnahmezustand im Staatsrecht, das Verhältnis zwischen natura naturans und natura naturata mit dem Verhältnis zwischen pouvoir constituant und pouvoir consitué in Parallele gestellt werden. „Zu dem Gottesbegriff des 17. und 18. Jahrhunderts gehört die Transzendenz Gottes gegenüber der Welt, wie eine Transzendenz des Souveräns gegenüber dem Staat zu seiner Staatsphilosohpie gehört" (S. 63). Mit dem Vordringen des naturwissenschaftlichen Denkens verliert nicht nur die Vorstellung des die Welt lenkenden Gottes an Kraft, sondern tritt auch der Volkswille an die Stelle der monarchischen Souveränität. Der Beseitigung aller theistischen und transzendenten Vorstellungen entspricht die Bildung eines neuen Legitimitätsbegriffs (S. 61—65)[18].

VI. Der Begriff der Diktatur

Mit seiner großen Monographie über die *Diktatur* gelang Carl Schmitt die wissenschaftliche Prägung eines politischen Begriffs, der bis dahin entweder nur als Schlagwort im Streit des Tages oder als Institut der römischen Geschichte verstanden und verwendet worden war, aus einer Fülle geschichtlichen und literarischen Stoffes[19]. In sechs

---

[18] Von „der weitgehenden Analogie, die zwischen der Begriffstechnik der Theologie und jener der Jurisprudenz besteht", und von „der außerordentlichen Verwandtheit in der logischen Struktur des Gottes- und des Staatsbegriffs" spricht auch *Kelsen*, Das Problem der Souveränität und die Theorie des Völkerrechts, 2. Aufl. (1928), S. 21. Nach fast 50 Jahren hat C. S. das Thema in der Schrift „Politische Theologie II — die Legende von der Erledigung jeder Politischen Theologie" (1970) erneut aufgegriffen; ursprünglich als Beitrag zur Festschrift zum 70. Geburtstag von Hans Barion „Eunomia" (1971), S. 83—145.

[19] *Carl Schmitt*, Die Diktatur, Von den Anfängen des modernen Souveränitätsgedankens bis zum proletarischen Klassenkampf, 1. Aufl. 1921, Bibliographie Nr. 7,

Kapiteln wird der Begriff aus den Schriften der politischen Klassiker von Machiavelli bis Rousseau und Siéyès und aus historischen Vorgängen und Praktiken von den fürstlichen Kommissaren des 16. und 17. Jahrhunderts bis zum Belagerungszustand des 19. Jahrhunderts entwickelt. Vom Verfasser als eine staatsrechtliche Untersuchung, als rechtswissenschaftlicher Beitrag gemeint, ist dies Werk wesensgemäß ein Stück politischer Wissenschaft im besten Sinne: auf der Grundlage einer sorgfältig belegten, scharfsinnigen, feinfühligen Darstellung von Abschnitten der Geschichte politischer Ideen, Ereignisse und Gestalten (namentlich im Exkurs über Wallenstein als Diktator) wird in synthetischer und induktiver Methodik ein eminenter politischer Begriff erarbeitet. Aus einer „Angelegenheit der Altertumskunde" wird ein Institut von allgemeiner staatsrechtlicher Bedeutung entwickelt.

Im weitesten Sinne ist Diktatur eine Regierung, die sich zur Erreichung eines bestimmten Zweckes über wohlerworbene Rechte der Einzelnen und über allgemeine rechtliche Form- und Kompetenzvorschriften (Gewaltenteilung) hinwegsetzen kann, weil sie durch den Zweck gerechtfertigt und durch eine höhere Macht dazu ermächtigt und beauftragt worden ist. Die Rechtfertigung aus dem Rechtszweck und die Berufung auf einen Auftrag unterscheiden den Rechtsbegriff der Diktatur von anderen Vorstellungen, die oft damit gleichgesetzt werden, wie Absolutismus, Despotismus und Tyrannei. „Ihre rechtliche Natur liegt darin, daß wegen eines zu erreichenden Zweckes rechtliche Schranken und Hemmungen, die nach der Sachlage ein sachwidriges Hindernis für die Erreichung des Zweckes bedeuten, in concreto entfallen" (S. 135). Dieser Zweck ist kein beliebiger, sondern entweder die Erhaltung oder Wiederherstellung der bestehenden Rechtsordnung, oder ihre Ersetzung durch eine neue, bessere und gerechtere Ordnung. Im ersten Fall liegt eine kommissarische Diktatur vor, im zweiten eine souveräne. Diese beruft sich nicht auf eine bestehende sondern auf eine herbeizuführende Verfassung, nicht auf den Auftrag einer konstituierten Gewalt (z. B. Fürst oder Parlament) sondern unmittelbar auf das Volk, dessen pouvoir constituant sie unbeschränkt ausübt. Jene wird von einer bestehenden Verfassung ermächtigt, von einer konstituierten Gewalt beauftragt, um die geltende Rechts- und Verfassungsordnung in außerordentlicher Lage mit außerordentlichen Mitteln zu erhalten oder wiederherzustellen. Im-

---

zitiert nach der 3. Auflage (1964); verwertet wurde dies Werk u. a. von *Carl Joachim Friedrich*, Der Verfassungsstaat der Neuzeit (1953) S. 74 (Kommissare und Notrecht), S. 668 ff. Konstitutionelle Diktatur und Notrecht. Dort auch neuere Literatur zum Diktaturproblem.

mer ist Diktatur Ausnahmezustand, ihr Ziel Rechtsverwirklichung, sei es des geltenden, sei es eines neuen Rechts. „Die innere Dialektik des Begriffs liegt darin, daß gerade die Norm negiert wird, deren Herrschaft gesichert werden soll. Zwischen der Herrschaft der zu verwirklichenden Norm und der Methode ihrer Verwirklichung kann also ein Gegensatz bestehen . . ." (Vorbemerkung, S. XVI). Wenn sie aber nicht zum Despotismus werden will, muß die Diktatur den Zweck haben, sich selbst überflüssig zu machen. Rechtsphilosophisch liegt ihr Wesen in der „Möglichkeit einer Trennung von Normen des Rechts und Normen der Rechtsverwirklichung" (a.a.O.). Beide Arten der Diktatur haben ihre Rechtfertigung darin, „daß sie das Recht zwar ignoriert, aber nur, um es zu verwirklichen", und daß sie formal von einer höchsten Autorität ermächtigt sind. Beide Formen bedeuten „die Entfesselung des Zwecks vom Recht". (a.a.O., S. XVII).

Dem rechtsstaatlich liberalen Mißtrauen gegen die Diktatur setzt Carl Schmitt die Auffassung entgegen, daß es ihr Sinn sei, die Verfassung als Ganzes zu bewahren, indem sie einzelne verfassungsgesetzliche Bestimmungen vorübergehend und im Einzelfall suspendiert. Damit läßt sich freilich nur die kommissarische Diktatur begründen, nicht die souveräne, die gerade auf Beseitigung der Verfassung zielt. „Die kommissarische Diktatur hebt die Verfassung in concreto auf, um dieselbe Verfassung in ihrem konkreten Bestand zu schützen" (S. 136).

Die Unterscheidung von kommissarischer und souveräner Diktatur, die Carl Schmitt selbst als „das Ergebnis der Arbeit" bezeichnet (a.a.O. S. XVIII) und die an dem reichhaltigen historischen und literaturgeschichtlichen Material erprobt und entwickelt und im IV. Kapitel näher begründet wird, trägt wesentlich zur Klärung des Begriffes bei. Sie ist im juristischen und politischen Schrifttum bisher allerdings wenig anerkannt und gelegentlich mißverstanden worden, da man insbesondere den Sinn der souveränen Diktatur angezweifelt hat. Ihre historischen Beispiele sind die Herrschaft der verfassunggebenden Nationalversammlung während der französischen Revolution und die Herrschaft der bolschewistischen Volkskommissare nach der russischen Revolution, die sich als Vollstrecker der „Diktatur des Proletariats" ausgaben und fühlten. Ist nicht in beiden Fällen die Berufung auf einen höheren Auftraggeber, das Volk oder die Arbeiterklasse, rein fiktiv, so daß in Wirklichkeit der Inhaber der Diktaturgewalt als der eigentliche Souverän angesehen werden muß[20]? Läßt sich anderseits ein begrifflich-systematischer oder gar

---

[20] Dies ist die Kritik von *Jürgen Fijalkowski*, Die Wendung zum Führerstaat, Die ideologischen Komponenten in der politischen Philosophie Carl Schmitts (1958), S.

ideengeschichtlicher Zusammenhang zwischen den Kommissaren europäischer Monarchen des 17. und 18. Jahrhunderts und der „Diktatur des Reichspräsidenten nach Artikel 48 der Weimarer Verfassung[21] überzeugend nachweisen? Auf die erste Frage ist zu erwidern, daß der Begriff der verfassunggebenden Gewalt, den Carl Schmitt dem Begriff der souveränen Diktatur unterstellt, kein soziologischer und auch kein positiv juristischer sondern ein ideologischer Begriff ist, und daß insoweit auch die Vorstellung der souveränen Diktatur ideologisch begründet ist. Dennoch hat die Unterscheidung ihren heuristischen Wert.

Diktatur ist nach Carl Schmitt ein Provisorium. Die Beziehung auf einen konkreten Zweck und die Berufung auf einen Auftrag sind Machtbegrenzungen zeitlicher und inhaltlicher Art, durch die sich die Diktatur als Rechtsbegriff von Absolutismus, Despotie und Tyrannei abhebt. Dies gilt prinzipiell auch für die souveräne Diktatur, mag auch der Zweck praktisch unbegrenzt und der Auftrag nur erdacht sein. Daß der Diktator aber als ein Kommissar, als „Aktionskommissar" zu begreifen ist, hat der Verfasser aus dem historischen Material und aus der Literatur seit Bodin nachgewiesen. Es ist die historische Erscheinungsform der Diktatur vor der französischen Revolution. In der souveränen Diktatur „liegt eine Aktionskommission vor, wie bei der kommissarischen Diktatur, und in beiden Fällen bleibt der Begriff funktionell abhängig von der Vorstellung einer richtigen Verfassung ... Aber während die kommissarische Diktatur von einem konstituierten Organ autorisiert wird und in der bestehenden Verfassung einen Titel hat, ist die souveräne nur quoad exercitium und unmittelbar aus dem formlosen pouvoir constituant abgeleitet" (S. 145). „Der kommissarische Diktator ist der unbedingte Aktionskommissar eines pouvoir constitué, die souveräne Diktatur die unbedingte Aktionskommission eines pouvoir constituant" (S. 146).

Exkurs: Diktatur und Führung

Die durchdringende Gedankenarbeit, mit der Carl Schmitt zu Beginn der zwanziger Jahre Begriff und Wesen der Diktatur dargestellt hat, legt dem heutigen Leser die Frage nahe, wie sich diese Begriffsarbeit in

---

181—186; vgl. auch *Peter Schneider,* Ausnahmezustand und Norm (1957), S. 66 ff. u. S. 74 ff. *Hasso Hofmann,* a.a.O., S. 56 ff.

[21] Vgl. *Carl Schmitts* gleichnamigen Bericht auf der Tagung der Vereinigung Deutscher Staatsrechtslehrer in Jena 1924, der im Anhang des Buches über die Diktatur, S. 213 ff. abgedruckt ist.

seinen Untersuchungen zur *Staatslehre des dritten Reiches* ausgewirkt oder niedergeschlagen habe. Die heute vorherrschende Carl Schmitt-Kritik bewertet auch seine Monographie über die Diktatur vornehmlich ideologisch, läßt das darin ausgebreitete reichhaltige historische und literargeschichtliche Material nahezu unbeachtet und wirft dem Verfasser vor, damit schon seine „Wendung zum Führerstaat" ideell vorbereitet zu haben[22]. Dabei ist dieser Kritik anscheinend der springende Punkt und das für den nachkommenden Leser eigentlich Bemerkenswerte entgangen: daß nämlich Carl Schmitt in seiner nationalsozialistischen Periode die Bezeichnung Diktatur für das Hitler-Regime nicht nur vermeidet sondern ausdrücklich als völlig unzutreffend, wenn nicht gar verleumderisch, verwirft. In seiner grundsätzlichen Schrift „Staat, Bewegung, Volk" (1933)[23] proklamiert er „Führertum und Artgleichheit als Grundbegriffe des nationalsozialistischen Rechts" (S. 32). Daß der Führer kein Diktator, die nationalsozialistische Führung keine Diktatur sei, war die amtliche Selbstdarstellung des Regimes. In der erwähnten Abhandlung über die „Dreigliederung der politischen Einheit" betonte nun Carl Schmitt die Notwendigkeit, „den Kernbegriff des nationalsozialistischen Staatsrechts, den *Begriff der Führung*, auch theoretisch klar zu unterscheiden und in seiner Eigenart zu sichern" (S. 36). In der gleichen Schrift heißt es: „Führen ist nicht Kommandieren, Diktieren, zentralistisch-bürokratisches Regieren oder irgendeine beliebige Art des Herrschens ... Ebensowenig sind die meisten, möglicherweise notwendigen und heilsamen Fälle einer *Diktatur*[24] in unserem Sinne Führung. Auch hier müssen wir uns dagegen wehren, daß ein spezifisch deutscher und nationalsozialistischer Begriff durch eine Assimilierung an fremde Kategorien getrübt und geschwächt wird" (S. 41).

In folgerichtiger Anwendung seiner eigenen staatstheoretischen Kategorien hätte Carl Schmitt die Herrschaft Adolf Hitlers in ihren Anfängen auf der Grundlage des Ermächtigungsgesetzes als eine kommissarische, in der weiteren Entwicklung mit ihrer Berufung auf den Volkswillen aber als eine souveräne Diktatur kennzeichnen müssen[25]. Stattdessen weist er damals den Diktaturbegriff als unangemessen, als fremde Kategorie aus liberaldemokratischem Denken ab (a.a.O., S. 22 u. 32 ff.) und zählt die Bezeichnungen Autokratie, Diktatur und Despotie gleicher-

---

[22] Vgl. *J. Fijalkowski,* a.a.O., S. 186 und *Peter Schneider,* a.a.O., S. 81.
[23] Bibliographie Nr. 24; zitiert nach der 3. Auflage von 1935.
[24] Sperrungen im Original.
[25] „Die Reichsregierung erkennt den Willen des Volkes, das sie befragt hat, als maßgebend an und betrachtet sich dadurch als gebunden" (a.a.O., S. 11).

maßen zum „Vokabularium dieses politischen Kampfes" des Liberalismus gegen den autoritären Staat (S. 23). Führung nennt er einen „Begriff unmittelbarer Gegenwart und realer Präsenz". Als „positives Erfordernis" schließt er „eine unbedingte Artgleichheit zwischen Führer und Gefolgschaft in sich ein" (S. 42). Darauf beruhe der „fortwährende untrügliche Kontakt zwischen Führer und Gefolgschaft wie ihre gegenseitige Treue. Nur die Artgleichheit kann es verhindern, daß die Macht des Führers Tyrannei und Willkür wird; nur sie begründet den Unterschied von jeder noch so intelligenten oder noch so vorteilhaften Herrschaft eines fremdgearteten Willens" (a.a.O.).

In der Schrift „Staat, Bewegung, Volk", mit der er in repräsentativer Weise in seine nationalsozialistische Periode eintritt, zeigt sich ein deutlicher Bruch im Denken und Schaffen Carl Schmitts. Die kritische Analyse des geltenden Verfassungszustands, die so viele begriffliche Klärungen und treffende Formeln hervorgebracht hat, weicht einer zwar auch konstruktiven, aber doch vorwiegend apologetischen Lehre. „Es ist sonderbar, zu sehen", schreibt Jürgen *Fijalkowski*, „welches Ergebnis der sonst so mächtig begriffsbildende Scharfsinn Carl Schmitts für den Kernbegriff des nationalsozialistischen Staatsrechts, den Begriff der Führung, zustande bringt: eine blanke Tautologie. Führung ist Führung, ein Begriff unmittelbarer Gegenwart, zu dessen Verständnis man bereits zu den Artgleichen gehören muß"[26]. Die konstruktive theoretische Kraft der Darstellung der dreigliedrigen politischen Einheit wird damit allerdings nicht gewürdigt.

Da sich das nationalsozialistische Regime als Dauerzustand, als die wahre deutsche Verfassung, als das tausendjährige Reich verstanden wissen wollte, mußte eine regime-immanente Theorie es von der Diktatur wenigstens insofern unterscheiden, als mit diesem Begriff eine Regierung im Ausnahmezustand, eine Herrschaft des Übergangs, gemeint war. Auch waren „Führer" und „Führung" längst anerkannte und vielfach erörterte gesellschafts-wissenschaftliche Begriffe. Es wäre also zu untersuchen gewesen, ob und inwieweit seit 1933 in Deutschland Führung oder Diktatur oder beides vorlag. Daß eine solche Fragestellung auch in einer Publikation während des Dritten Reiches möglich war, hat Heinrich *Triepel*, damals allerdings schon Emeritus, in seinem

---

[26] Die Wendung zum Führerstaat, S. 150. *Rolf Schroers* bemerkt dazu, C. S. habe 1933 das Also vergessen: „also wird die Macht des Führers tyrannisch, denn die Artgleichheit existiert nicht" (Der Partisan, Ein Beitrag zur politischen Anthropologie, 1961, S. 315).

großen Buch über die Hegemonie bewiesen[27]. Er definierte Führung als „bestimmenden Einfluß" und als „Gegenpol" der Herrschaft, als „energische, aber gebändigte Macht", die auf freiwilliger Gefolgschaft beruht. Hitler war nach Triepels offen verbreiteter Ansicht Führer seiner Partei, aber Herrscher über das deutsche Volk. „In größeren Gruppen, namentlich im Staate, ist solche Kombination von Herrscher- und Führertum im Sinne der Koordination beider Machttypen beinahe notwendig" (a.a.O., S. 42). Selbst der mächtigste Despot könne die Herrschaft über seine Untertanen keinen Augenblick aufrechterhalten, wenn er nicht auch der „Führer" seiner Mameluken oder Prätorianer sei und sich auf ihre gute „opinion" zu stützen vermöge, also, „wenn er nicht die Herrschaft in der größeren mit dem Führertum in der kleineren Gruppe vereinige" (S. 43). In deutlicher Berichtigung der zeitgenössischen Führer-Ideologie erklärte Triepel 1938, „daß dieser Gegensatz von Herrschaft und echter Führung, in besonderer Zuspitzung: von Diktatur und Führung, allmählich bereits zum Gemeingut der Wissenschaft geworden ist" (S. 40).

Carl Schmitt hatte sich in „Staat, Bewegung, Volk" damit begnügt, der Macht Adolf Hitlers in vorsichtiger und konformistischer Schreibweise Schranken anzudeuten. „Wir suchen eine Bindung, die zuverlässiger, lebendiger und tiefer ist als die trügerische Bindung an die verdrehbaren Buchstaben von tausend Gesetzesparagraphen. Wo anders könnte sie liegen als in uns selbst und unserer eigenen Art?" (S. 46). Selbstverständlich lag darin keine positiv-rechtliche Bindung. Aber nachdem Schmitt die „Entgegensetzungen von Recht und Macht, Recht und Staat, Recht und Politik, Geist und Macht, Geist und Staat, Individuum und Gemeinschaft, Staat und Gesellschaft usw. usw." für liberale Trennungen und Zerreißungen organischer Zusammenhänge erklärt hatte (S. 22 ff.), blieb ihm keine andere Möglichkeit, als zu politischer Romantik Zuflucht zu nehmen. Romantik aus occasionalistischer Geisteshaltung spricht denn auch aus den Vorstellungen von Führertum, Artgleichheit, Bewegung und Volk, die zu den Grundbegriffen seiner nationalsozialistischen Staatstheorie geworden waren. Die system-immanente Darstellungsweise machte es ihm unmöglich, den Diktaturbegriff noch um die Variante der totalitären Diktatur zu bereichern, die durch die Aus-

---

[27] H. *Triepel*, Die Hegemonie, Ein Buch von führenden Staaten (1938), 2. Aufl. 1964, S. 14 ff., besonders S. 40, 41, 42. Vgl. dort den Ersten Teil „Der führende Mensch" mit Literaturangaben zum soziologischen Begriff der Führung und des Führers.

dehnung der staatlichen Macht auf alle Lebens-, Gesellschafts- und Geistesbereiche und ihren Anspruch auf Permanenz gekennzeichnet ist.

In wissenschaftlich-theoretischer Sicht aber ist festzustellen, daß Carl Schmitts zeitgenössische Deutungen des nationalsozialistischen Staatswesens nicht als Beiträge zur politischen Wissenschaft, sondern als Gegenstände ideologie-kritischer Untersuchung aufzufassen sind.

Erst nach dem Zusammenbruch des Systems, in einer Stellungnahme für den Ankläger Robert Kempner, die er 1947 im Nürnberger Gefängnis abgab, hat Carl Schmitt eine offene Kritik am Nationalsozialismus geäußert, als er von der „fundamentalen Abnormität", dem „absichtlichen Subjektivismus" und von der „Abnormität und Unberechenbarkeit aller Entwicklungen innerhalb des Hitler-Regime" sprach[28].

VII. Kritik des Parlamentarismus

Eine seit 1945 verbreitete Carl-Schmitt-Kritik neigt dazu, sein komplexes und imposantes Werk ganz aus der Perspektive seiner nationalsozialistischen Periode zu beurteilen und als eine ideelle, nach einigen gleichbleibenden Grundtendenzen aufgebaute Einheit zu betrachten. Alles, was er geschrieben hat, erscheint dann als „Wendung zum Führerstaat", als Ausdruck eines Freund-Feind-Denkens oder als Vorbereitung der späteren geojuristischen und geopolitischen Ordnungsvorstellungen[29]. Die Vielfalt des Werdens, der Aspekte und Einsichten dieses Werkes wird mit solcher erstarrten Blickrichtung oft verkannt oder in unwissenschaftlicher Vereinfachung vernachlässigt. Die objektive Aussagekraft seiner vor 1933 und nach 1945 veröffentlichten Schriften und Bücher wird durch seine Veröffentlichungen in der Zwischenzeit aber nicht entwertet oder abgeschwächt. Die Geschichte der politischen Theorien hat es mit dem Gehalt literarischer Werke und nicht mit dem Studium des Charakters ihrer Verfasser zu tun. Im übrigen ist sich die Carl-Schmitt-Kritik nicht einig, ob er als ein sich selbst stets treu geblie-

---

[28] *Carl Schmitt*, Verfassungsrechtliche Aufsätze aus den Jahren 1924—1954 (1958), S. 436.

[29] Vgl. *Karl Schmitz*, Die Freund-Feind-Theorie Carl Schmitts; dazu meine Besprechung im Archiv für Rechts- und Sozialphilosophie Bd. LIV (1968), S. 125; *Jürgen Fijalkowsky*, Die Wendung zum Führerstaat (1961), dazu meine Besprechung in Zeitschrift f. a. ö. Recht u. V. R., Bd. 21 (1961) Nr. 1, S. 117—122; *Peter Schneider*, Ausnahmezustand und Norm (1957). Mit den beiden letzteren setzt sich kritisch auseinander *Hasso Hofmann*, Legitimität gegen Legalität, 1964, der den „Weg der politischen Philosophie Carl Schmitts" entwicklungsgeschichtlich nachzuzeichnen versucht.

bener „faschistischer Machttheoretiker" oder als gewiegter Opportunist, als „Staatsrechtler dreier Reiche" zu kennzeichnen ist. Darüber ist hier kein Urteil abzugeben.

Zu den bleibenden Beiträgen zur politischen Wissenschaft gehört seine kritische Analyse der parlamentarischen Demokratie. Für sie sind vor allem zwei Schriften repräsentativ: „Die geistesgeschichtliche Lage des heutigen Parlamentarismus" (1923, 3. Aufl. 1961) und „Legalität und Legitimität" (1932, Neudruck in den Verfassungsrechtlichen Aufsätzen, 1958)[30]. Es gibt im deutschen Schrifttum zur Kritik der bürgerlich-liberalen Demokratie keine Veröffentlichungen, die diesen Abhandlungen an Durchblick, begrifflicher Schärfe und Eleganz des Stils gleichkommen. Gerade wegen ihrer formalen und intellektuellen Qualitäten hat man darin besonders gefährliche Angriffe auf die Weimarer Republik gesehen, ideelle Waffen, mit denen ihr Ansehen bei der deutschen Intelligenz erschüttert wurde. Besonders in der erstgenannten, ideengeschichtlichen Studie wurde schon bald nach ihrem Erscheinen die politische Absicht des Verfassers vermutet, zur Untergrabung des parlamentarischen Gedankens in Deutschland beizutragen[31]. Er selbst hat die von Richard *Thoma* bereits 1925 bei ihm vermuteten politischen Ziele in der Vorbemerkung zur zweiten Auflage der Parlamentarismus-Schrift (1926) als „höchst phantastisch" von sich gewiesen. Für eine geistesgeschichtliche Darstellung von heute ist die damalige Absicht weniger wichtig als die Frage, ob Carl Schmitts Analyse zu ihrer Zeit stimmte und welche Erkenntnis sie gegenwärtig zu vermitteln vermag.

Carl Schmitt erfaßt den Parlamentarismus, d. h. die Herrschaft der gewählten Volksvertretung, als politische Institution an sich, deren „Kern", „geistige Grundlage", „Rechtfertigung" oder „Prinzipien" er aufsucht und auf ihre Gültigkeit und Zeitgemäßheit untersucht. Als Lebensprinzip des Parlamentarismus erkennt er das liberale Ideal der öffentlichen Diskussion als des besten Mittels, das politisch Richtige, die politische Wahrheit zu finden. *„Diskussion und Öffentlichkeit"* sind typische Postulate des 19. Jahrhunderts und werden anhand französischer und englischer Autoren dieser Epoche (Guizot, J. St. Mill, Bentham, Locke) als solche belegt. Die öffentliche Diskussion im Parlament gewährleistet nach dieser Auffassung Wahrheit und Gerechtigkeit sowie das Gleichgewicht der Kräfte (Balance). Die so beschlossenen

---

[30] Bibliographie Nr. 9 u. Nr. 21. Zitate nach der 3. Aufl. (1961) bezw. der 1. Aufl. (1932).

[31] *Richard Thoma*, Archiv für Sozialwissenschaften Bd. 53 (1925), S. 212 ff.

Gesetze beruhen auf *veritas*, nicht auf *auctoritas*. Dadurch hoffte man, den ‚Rechtsstaat' zu erreichen, die Herrschaft des Rechts an die Stelle der Herrschaft von Menschen zu setzen, die Bändigung der im Schutz der Geheimnisse wirkenden Macht, die Beseitigung der Willkür zu bewirken. „Government by Discussion" (H. *Laski*) sollte den Sieg des Rechts über die Macht bedeuten (a.a.O., S. 41—62).

Diskussion und Öffentlichkeit als geistige Grundlage des Parlamentarismus hat zuerst der französische Staatsmann und Historiker *Guizot* herausgestellt, auf den sich Carl Schmitt beruft, dessen Gedankengang er aber präzisiert, indem er die von *Guizot* als drittes Wesensmerkmal der „Herrschaft des Rechts" genannte Pressefreiheit in den beiden anderen aufgehen läßt. Pressefreiheit ist nur „ein Mittel für Diskussion und Öffentlichkeit, also eigentlich kein selbständiges Moment" (S. 46).

Carl Schmitts besondere gedankliche Methodik liegt in der idealtypischen Isolierung bestimmter politischer Institutionen. Damit schärft er die Begriffe und klärt den Blick. Im Aufspüren der Ideologie, der geistigen Grundlagen und Prinzipien erweist er sich als Politologe von Format. Zugleich aber erliegt er der Gefahr, die Wirklichkeit im Blick durch die Lupe dieser scharfen Begrifflichkeit nicht im Ganzen zu betrachten, sondern sie in getrennte Teile zu zerlegen.

Gewiß ist es theoretisch zutreffend, daß Parlamentarismus und Demokratie nicht dasselbe sind und nicht notwendig zusammengehören. Es ist aber auch theoretisch eine Verengung der Sicht, wenn er meint, „daß das Parlament ein Ausschuß des Volkes ist, ein Kollegium von Vertrauensmännern, ist nicht das Wesentliche" (S. 42). Dessen ratio liegt eben nicht allein in der öffentlichen Debatte (S. 43), sondern auch in der Repräsentation des Volkes. Mit der gleichen isolierenden Ultra-Konsequenz stellt Carl Schmitt dann auch fest, daß auch ein einziger Vertrauensmann im Namen des Volkes entscheiden könne (S. 42), daß auch diktatorische und zäsaristische Methoden „unmittelbare Äußerungen demokratischer Substanz und Kraft sein können" (S. 23). Diese Unterscheidung gipfelt in dem Satz: „Es kann eine Demokratie geben ohne das, was man modernen Parlamentarismus nennt und einen Parlamentarismus ohne Demokratie; und Diktatur ist ebensowenig der entscheidende Gegensatz zu Demokratie wie Demokratie der zu Diktatur" (S. 41).

Solche Äußerungen werden Carl Schmitt von liberaler Seite natürlich angelastet, und wem es um eine Anklageschrift wegen geistiger Vorbereitung der Hitler-Diktatur zu tun ist, der möchte darin ein willkommenes Beweisstück finden. Dennoch treffen Carl Schmitts Feststellungen ideologisch, ideengeschichtlich und z. T. auch historisch zu. Man hat sich ja längst angewöhnt, zwischen liberaler, bürgerlicher, rechtsstaatlicher, sozialistischer und plebiszitärer Demokratie zu unterscheiden. Alle diese Besonderungen der Demokratie durch Zusatzbezeichnungen deuten auf ein wesentliches Strukturelement, das dem Staatsbild einer Demokratie eigen ist. Man weiß heute, daß die totalitären Systeme ideologisch in der egalitären Demokratie, im Jakobinismus, wurzeln und weder aus der feudalen Aristokratie noch aus dem bürgerlichen Rechtsstaat herzuleiten sind. Wenn Carl Schmitt sagt, daß „Bolschewismus und Faschismus . . . wie jede Diktatur zwar antiliberal, aber nicht notwendig antidemokratisch" sind (S. 22), da auch sie sich auf die einzige, heute noch gültige Legitimation, den Volkswillen, berufen und auf ein gewisses Maß von Zustimmung der Regierten stützen müssen, so ist diese Aussage ideologisch richtig. Soziologisch und historisch ergibt sie jedoch ein falsches Bild. Der Wortbetrug von der „Volksdemokratie" sowjet-kommunistischer Prägung hat das inzwischen ebenso gelehrt wie die Erfahrungen mit der nationalsozialistischen Herrschaft.

Der wissenschaftliche Ertrag der Parlamentarismus-Schrift liegt nicht nur darin, klargestellt zu haben, daß „der Glaube an den Parlamentarismus, an ein *government by discussion,* „in die Gedankenwelt des Liberalismus" gehört und damit die Erkenntnis des „heterogen zusammengesetzten Gebildes" gefördert zu haben, „das die moderne Massendemokratie ausmacht" (S. 13). In der Abhandlung wurde auch erstmalig eine tiefere geistesgeschichtliche Erklärung dafür gegeben, warum der klassische Parlamentarismus in der modernen Massendemokratie nicht mehr seinem ursprünglichen Sinn gemäß funktioniert. Was heute in zahllosen wissenschaftlichen Abhandlungen, Vorträgen und populären Schriften erörtert und beklagt wird, die Krise des parlamentarischen Systems, hat diese Arbeit bereits 1923 auf ideengeschichtlicher Grundlage analysiert. Sie kommt zu dem Ergebnis, daß der Glaube an Diskussion und Öffentlichkeit veraltet ist, „weil die Entwicklung der modernen Massendemokratie die argumentierende öffentliche Diskussion zu einer leeren Formalität gemacht hat" (S. 10). „Man darf deshalb wohl als bekannt voraussetzen, daß es sich heute nicht mehr darum handelt, den Gegner von einer Richtigkeit oder Wahrheit zu überzeugen, sondern die Mehrheit zu gewinnen, um mit ihr zu herrschen" (S. 11). Die Schlußfolgerung des Kapitels II (‚Prinzipien des Parlamentarismus')

lautet: „Große politische und wirtschaftliche Entscheidungen, in denen
heute das Schicksal der Menschen liegt, sind nicht mehr (wenn sie es
jemals gewesen sein sollten) das Ergebnis einer Balancierung der Meinungen in öffentlicher Rede und Gegenrede und nicht das Resultat
parlamentarischer Debatten . . . Natürlich, wie die Dinge heute liegen, ist
es praktisch ganz unmöglich, anders als mit Ausschüssen und immer
engeren Ausschüssen zu arbeiten und schließlich überhaupt das Plenum
des Parlaments, d. h. seine Öffentlichkeit, seinem Zweck zu entfremden
und dadurch notwendig zu einer Fassade zu machen" (S. 62). Damit
habe aber der Parlamentarismus seine geistige Basis aufgegeben, seine
ratio verloren. „Der Glaube an die diskutierende Öffentlichkeit" habe
eine „furchtbare Desillusion" erfahren (S. 63).

Mit seinem Hinweis auf die bestimmende Macht der Parteigremien,
Interessenverbände, öffentlicher und nichtöffentlicher Meinungsmacher,
die z. T. wieder ihre eigene Geheimpolitik entwickeln, nimmt Carl
Schmitt 1923/26 eine Kritik vorweg, die in den fünfziger Jahren in der
Bundesrepublik und zuvor schon in den großen westlichen Demokratien
in großer Breite und Tiefe angestimmt wurde und längst Niederschlag
in einer umfangreichen, noch immer zunehmenden Literatur gefunden
hat. Schlagworte, Aufsatz- und Buchtitel wie „Rubber Stamp Congress"
und „The Decline of Parliament" sind bezeichnend. Wenn deutsche
Stimmen Carl Schmitt nicht als Zeugen anrufen, sondern ihn allenfalls
anführen, um sich von ihm zu distanzieren oder ihn zu beschuldigen, so
wird das gerne mit Gesinnungsmotiven erklärt. Man unterscheidet dann
system-immanente und -transzendente Kritik und versteht darunter
Kritik in reformatorischer Absicht und solche mit umstürzlerischen Hin-
tergedanken.

Die Parlamentarismus-Schrift bezog sich nicht unmittelbar auf die
Weimarer Verfassung sondern auf das parlamentarische System im
allgemeinen. Indem er zwei Abschnitte daraus in die 1940 veröffentlichte
Aufsatzsammlung „Positionen und Begriffe im Kampf gegen Weimar —
Genf — Versailles" (Nr. 1: Die politische Theorie des Mythus, S. 9 ff.
und Nr. 7: Der Gegensatz von Parlamentarismus und moderner Massendemokratie, S. 52 ff.) aufnahm, gab Carl Schmitt aber zu erkennen,
daß er sie damals selbst als Waffen in diesem Kampf gewertet wissen
wollte. Schon die Bezeichnung wissenschaftlich-theoretischer Abhandlungen als Beiträge zu einem „Kampf" entsprach mehr dem Sprachgebrauch des nationalsozialistischen Regimes als akademischer Gepflo-

genheit. Sie ist wohl auch aus der Kriegslage zu erklären, in der auch Gelehrte sich auf ihre Weise am Kampf beteiligen wollten. Was 1939/40 dem Nachweis zeitgerechter Gesinnung dienen sollte, konnte nach 1945 zum Beweis böser Absichten benutzt werden. Im Zusammenhang dieser ideen- und werkgeschichtlichen Darstellung kommt es weder auf die eine noch auf die andere Absicht und nicht auf die Verwertung an, die eine solche Publikation finden mochte, sondern auf ihren sachlichen Gehalt.

VIII. Parlamentarismus, was sonst?

Carl Schmitts Kritik am Parlamentarismus behält für das politische Denken und Suchen im letzten Drittel des zwanzigsten Jahrhunderts ihren, wenngleich begrenzten, Wert.

Er sah damals als mögliche Alternativen zum veralteten, gestörten und diskreditierten prototypischen Parlamentarismus die marxistische Diktatur des Proletariats (eine radikale Erziehungsdiktatur) oder ein auf einem irrationalistischen Mythus der direkten Aktion beruhendes System. „Die Theorie vom Mythus", die er als nationalen Mythus im faschistischen Italien am Werke sah, schien ihm „der stärkste Ausdruck dafür, daß der relative Rationalismus des parlamentarischen Denkens seine Evidenz verloren hat" (S. 89). Aus dem Mythus könnte eine neue Autorität, ein neues Gefühl für Ordnung, Disziplin und Hierarchie erwachsen (a.a.O.). „Freilich, die ideelle Gefahr derartiger Irrationalitäten ist groß. Letzte, wenigstens in einigen Resten noch bestehende Zusammengehörigkeiten werden aufgehoben in dem Pluralismus einer unabsehbaren Zahl von Mythen . . ." Als „gegenwärtige starke Tendenz" könne man die Neigung zum politischen Mythus nicht ignorieren, mag ein „parlamentarischer Optimismus" auch hoffen, diese Bewegung zu relativieren und „bis zur Wiederaufnahme der Dikussion warten zu können" (a.a.O.). Es liegt etwas Wahrsagen in diesen Worten.

Wir haben inzwischen unsere Erfahrungen mit beiden Alternativen zum parlamentarischen System gemacht. Europa ist von seiner Mythen-Anwandlung „furchtbar desillusioniert", grausam ernüchtert, während die „Erziehungsdiktatur" des Kommunismus seine östliche Hälfte noch unter seiner harten Fuchtel hält. Daher stellt sich die Frage „Parlamentarismus, was sonst?", die Carl Schmitt damals noch als unzulänglich verwarf, heute für die gebrannte Menschheit anders, sehr viel pragmatischer, als seinerzeit dem Verfasser der „Geistesgeschichtlichen Lage des heutigen Parlamentarismus". Das ideologische Moment steht nicht mehr im Mittelpunkt. Aus der von Carl Schmitt vermittelten Einsicht, daß Diskussion und Öffentlichkeit nicht mehr die anerkannten und wirksamen geistigen Grundlagen des parlamentarischen Betriebes sind, wird man nicht mehr mit ihm folgern, das Parlament habe „seine bisherige Grundlage und seinen Sinn verloren" (a.a.O., S. 63). Man wird sich einerseits damit bescheiden, es als sozial-technische Einrichtung, als Mittel zum Zweck der freiheitlich-sozialen Ordnung zu behandeln, andererseits sich bemühen, ihm in der modernen Massengesellschaft, im Zeitalter des Pluralismus, der Vielheit sozialer und weltanschaulicher Gruppen, Verbände und Mächte den richtigen Platz, die nützliche Funktion anzuweisen. Als Repräsentation des Volksganzen ist eine gewählte Vertreterversammlung auch dann und auch dort unentbehrlich, wo es eine wirkliche Herrschaft des Parlaments genausowenig mehr gibt, wie die Herrschaft des Volkes selbst. Die repräsentative und integrierende Funktion der Volksvertretung, die auch erhalten bleibt, wenn die öffentlichen Plenardebatten ihren eigentlichen Sinn eingebüßt haben, hat Carl Schmitt unterschätzt. Der Praxis aber hilft es oft weniger, die ideologischen Grundlagen der politischen Institutionen zu durchschauen, als ihre Prinzipien und Funktionen in solcher Weise zu verbinden, auszugleichen und zu ergänzen, daß Nation und Gesellschaft damit in Anstand und Sicherheit leben können.

Der Beobachter der politischen Szene in den westlichen Demokratien der sechziger und siebziger Jahre kann aber auch feststellen, daß Diskussion und Öffentlichkeit in ganz neuer, unerwarteter Weise wieder aufgelebt sind. Nie herrschte größere Diskussionsfreude — oder -wut in allen gesellschaftlichen, politischen und religiösen Gruppen, nie spielte sich das politische, nie das private Leben in so vorlauter Öffentlichkeit ab. Im Zeitalter der Indiskretion sind manche Staaten zu schwach und unfähig geworden, ihre politischen und militärischen Geheimnisse für mehr als kurze Zeit zu bewahren, und glauben, vor dem sogen. „Öffentlichkeitsanspruch" der Massenmedien der Meinungsbildner zurückweichen zu müssen. Selbst die Katholische Kirche wollen einige ihrer Theologen anscheinend zu einem Forum von Glaubens-Diskussionen machen. Müßte da nicht das Parlament erst recht wieder zum Ort der in öffentlicher Diskussion, im vernünftigen Austausch von Argumenten beschlossenen Politik geworden sein? In Wirklichkeit ist aber die damalige Diagnose Carl Schmitts insofern von den Ereignissen nicht überholt worden. Die Diskussion spielt sich überwiegend in der außerparlamentarischen Öffentlichkeit ab und wirkt sich, von außerparlamentarischen Kräften entfacht und gesteuert als ein Druck auf die gewählte Volksvertretung aus, der ihre Entscheidungsfreiheit noch zusätzlich beeinträchtigt.

Aber auch damit hat das Parlament seine Rolle nicht ausgespielt. Als verfassungsrechtliche Vertretung des Volkes und gesetzgebende Gewalt bleibt es auch als bloß formale Instanz, als Fassade für Parteitags- und Fraktionsbeschlüsse, als Brennpunkt der Einflußstrahlen und Forum der Interessenkämpfe unersetzlich für den modernen Staat der demokratischen Massengesellschaft. Seit dem ersten Erscheinen der Parlamentarismus-Schrift ist die Diskussion um Rolle und Aufgabe, Macht oder Ohnmacht des Parlaments als gesetzgebende und kontrollierende Gewalt im demokratischen Staat nach verschiedenen Richtungen und mit neuen Erfahrungen weitergeführt worden. Als Probleme standen dabei das Übergewicht von Regierung und Verwaltung, die entscheidende Macht der Partei-Apparate mit ihrem Fraktionszwang, die Einflüsse der Interessenverbände und das Wahlrecht im Vordergrund. Einerseits erteilte man Ratschläge, der Volksvertretung zu stärkerem Eigengewicht zu verhelfen, ihre gegenwärtige Abhängigkeit von einer im Besitz des Sachwissens überlegenen Exekutive zu vermindern, die gern des Machtstrebens geziehen wird. Andererseits lehrte man mit der Theorie von der parteienstaatlichen Demokratie einen neuen Realismus, der mit Carl Schmitt, wenn nicht in der Begründung, so doch in der Feststellung übereinstimmt, daß der klassische Parlamentarismus des vorigen Jahrhunderts, der die Wahl unabhängiger Persönlichkeiten voraussetzte, in der Massengesellschaft des zwanzigsten Jahrhunderts nicht mehr zu verwirklichen ist[32]. So verschieden die Gesichtspunkte und Absichten dieser literarischen Debatte auch sind, die Schrift über „Die geistesgeschichtliche Lage des heutigen Parlamentarismus" kann darin nicht übersehen werden[33].

---

[32] Vgl. statt vieler: Parlament und Regierung im modernen Staat, Berichte von *E. Friesenhahn* und *J. Partsch*, V. V. d. Stl., Heft 16 (1958); *G. Leibholz*, Strukturprobleme der modernen Demokratie (1958); *H. Rumpf*, Demokratie und Außenpolitik, Aus der Schule der Diplomatie, Festschrift f. Botschafter a. D. Pfeiffer (1965), S. 111—152; *Friedrich Glum*, Das parlamentarische Regierungssystem in Deutschland, Großbritannien und Frankreich, 2. Aufl. (1965); *Hans Apel*, Der deutsche Parlamentarismus, Rowohlts Deutsche Enzyklopädie Nr. 298/299 (1968).

[33] Vgl. Die Antologie von *Wilhelm* und *Wolfgang Treue*, Parlamentarismus in Deutschland, 1961; *Kurt Kluxen* (Herausg.), Parlamentarismus (Bd. 18 der Reihe Neue Wissenschaftliche Bibliothek), 1967, S. 41—53.

IX. „Legalität und Legitimität"

Unter dem Titel „Legalität und Legitimität" setzte sich der Verfasser mit der Weimarer Verfassung auseinander[34]. Die am 10. Juli 1932 abgeschlossene Abhandlung — diesen Termin gibt er selbst an — bietet aber weder nur eine juristische Glossierung der damals geltenden Reichsverfassung, noch ist sie lediglich von historischem Interesse. Vielmehr zeigt sie erneut die idealtypische Denkweise, die Schmittsche Methode, soziale und politische Modelle herauszuarbeiten, die ihn für die Politologie so fruchtbar macht. Darüberhinaus vermittelt die Schrift Einsichten in den Mechanismus der konstitutionellen Demokratie überhaupt, die mittlerweile samt den bekannten Formeln, in die sie geprägt wurden, wissenschaftliches Gemeingut geworden sind.

Allgemeine und bleibende Bedeutung hat einmal die Unterscheidung verschiedener Staatsarten gewonnen, die Carl Schmitt in der Weimarer Verfassung angelegt fand: Gesetzgebungsstaat, Jurisdiktions-, Regierungs- und Verwaltungsstaat. Jede Art von Staat kennzeichnet er durch das Element oder die Gewalt, von der ein Staat sein typisches Gepräge erhält, bei welcher „der Schwerpunkt des entscheidenden Willens liegt" und die „für das Gemeinwesen artbestimmend ist" (a.a.O., S. 10). Daß „in der geschichtlichen Wirklichkeit fortwährend Verbindungen und Mischungen eintreten, weil zu jedem politischen Gemeinwesen sowohl Gesetzgebung wie Jurisdiktion, Regierung und Verwaltung gehören" (S. 9), ist ihm selbstverständlich bewußt. Er hält diese Unterscheidung von Staatsarten aber für die Erkenntnis der staatlichen Gegenwart für fruchtbarer „als andere, in vergangenen Situationen entstandene Unterscheidungen, zum Beispiel die Antithesen von Herrschaft und Genossenschaft, Autorität und Freiheit, Rechtsstaat und Diktatur usw.". Man braucht ihm in dieser Bewertung der begrifflichen Differenzierung politischer Organisationssysteme nicht zuzustimmen, um dennoch den Wert seiner Unterscheidung für die Erkenntnis politischer Strukturen anzuerkennen. In der Staatstheorie zur Bundesrepublik und ihrem Grundgesetz ist sie in Kennzeichnungen wie Rechtswegstaat, Sozialstaat, Justizstaat methodisch aufgenommen und fortgeführt worden.

Ein Hauptgedanke der Abhandlung, der auch zur klaren Bestimmung der vielgebrauchten und so oft mißverstandenen Begriffe von „Legali-

---

[34] Die Arbeit gehört nicht mehr zu den Frühschriften, wird aber wegen ihres Zusammenhanges mit diesen und ihrer Bedeutung wegen mit behandelt.

tät und Legitimität" beiträgt, ist die Aufstellung eines rechtsstaatlichen Gesetzesbegriffs, der dem Legalitätssystem des parlamentarischen Gesetzgebungsstaats idealtypisch zu Grunde liegt. Die Entwicklung dieses *materiellen Gesetzesbegriffs* — Gesetz als generelle, für die Dauer bestimmte, als vernünftig und gerecht geltende Normierung — ist für die Staatswissenschaften förderlich gewesen. Nicht, weil sie etwa zuvor noch keinen materiellen Gesetzesbegriff besessen hätte, sondern weil er hier in besonderer Klarheit als Eckstein der rechtsstaatlichen Verfassung hervorgehoben wurde. Eingehende Darlegungen dazu finden sich auch in der „Verfassungslehre" (1928, 3. Aufl. 1958).

In enger Wechselbeziehung damit steht die Unterscheidung von *Gesetz und Maßnahme* oder Rechtsgesetzen und Maßnahmegesetzen, die, von Carl Schmitt in dieser Abhandlung eingeführt, in der deutschen Staatsrechtslehre während der fünfziger Jahre in mehreren Abhandlungen und Aussprachen ein lebhaftes und widersprüchliches Echo fand und dabei auch weiter verfeinert wurde.[35]. Der vom Gesetzesbegriff unterschiedene Begriff der Maßnahme als einer von der wechselnden Lage abhängigen, auf bloße Zweckmäßigkeit und sachliche Notwendigkeit gerichteten mehr oder weniger provisorischen Anordnung des Gesetzgebers bildet ein wesentliches Lehrstück in Carl Schmitts Staatstheorie. Ob diese Unterscheidung, die auf Zweck und Inhalt der Gesetze abstellt, als juristisch relevant und stichhaltig anerkannt werden kann, ist durchaus strittig. U. *Scheuner* z. B. nannte sie eine „soziologische Beobachtung" ohne juristischen Erkenntniswert[36]. Wenn dem so ist, kann sie aber gewiß als politologische Betrachtungsweise gelten und der politischen Wissenschaft nützlich sein.

Echte Politologie sind jedenfalls die Erkenntnisse zum demokratischen Mehrheitssystem, die in den Formeln der „gleichen Chance politischer Machtgewinnung" und der „Prämie auf den legalen Machtbesitz" ausgesprochen werden. Sie werden aus einer präzisen Vorstellung von Demokratie abgeleitet, die sich in Carl Schmitts Werken durchgehend findet. Demokratie ist für ihn ideologisch ein System von Identitäten (Gleichsetzung von Regierenden und Regierten, Herrschern und Beherrschten, Volk und Staat, Volkswillen und Gesetz), das „auf der Vor-

---

[35] Vgl. Das Gesetz als Norm und Maßnahme, Berichte von *Christ. Friedrich Menger,* und *Herbert Wehrhahn,* Veröffentl. der V. D. Stl. (1957) Heft 15; sowie *Zeidler,* Maßnahmegesetze, 1958.

[36] VVDStl Heft 15 (1957), S. 70. Vgl. auch die Diskussionsbeiträge von *Forsthoff,* S. 83, *Kaiser,* S. 82, *H. Schneider,* S. 89 und *H. Rumpf,* S. 92.

aussetzung des unteilbar gleichartigen, ganzen, einheitlichen Volkes beruht (Parlamentarismus, S. 34—35; Legalität und Legitimität, S. 31 ff.). Dies ist die ideelle Konzeption der Demokratie, während „in concreto . . . die Massen soziologisch und psychologisch heterogen" sind (Parlamentarismus, S. 34). In der Wirklichkeit kommt alles darauf an, „wie der Wille gebildet wird" (Parlamentarismus, S. 36).

Damit ist das Problem der Beeinflussung und Manipulation der Massen angesprochen, aber auch die Möglichkeit der radikalen Demokratie, in der sich eine Gruppe, die auch die Minderheit sein kann, als Vertreter des wahren Volkswillens der Herrschaft für die Dauer bemächtigt. Hierin fußt Schmitt auf Rousseau. Die liberale Demokratie, deren Gesetzesbegriff als jeweiliger Beschluß der jeweiligen Parlamentsmehrheit den verschiedensten Inhalten offen ist, muß aber, um nicht als Vergewaltigung der Minderheit durch die Mehrheit zu erscheinen, *„ein materielles Gerechtigkeitsprinzip"* gelten lassen: „das Prinzip der für alle denkbaren Meinungen, Richtungen und Bewegungen unbedingt gleichen Chance, jene Mehrheit zu erreichen. Ohne dieses Prinzip wäre die Mehrheitsmathematik nicht nur wegen ihrer Gleichgültigkeit gegen jedes inhaltliche Ergebnis ein groteskes Spiel und der aus ihr abgeleitete Begriff von Legalität eine dreiste Verhöhnung jeder Gerechtigkeit, sondern es wäre auch mit dem System selbst bereits nach der ersten Mehrheitsgewinnung zu Ende, weil gleich die erste Mehrheit sich legal als dauernde Macht einrichten würde. Die Offenhaltung der gleichen Chance läßt sich aus dem parlamentarischen Gesetzgebungsstaat nicht wegdenken. Sie bleibt das Gerechtigkeitsprinzip und die existenznotwendige Selbsterhaltungsmaxime" (Legalität u. Legitimität, S. 32). Nur die so begründete Legalität schließt das Widerstandsrecht aus.

In der Praxis „bewirkt, über jede Normativität hinaus, der bloße Besitz der staatlichen Macht einen zur bloß normativistisch-legalen Macht hinzutretenden *politischen Mehrwert,* eine *über-legale Prämie auf den legalen Besitz der legalen Macht* und auf die Gewinnung der Mehrheit" (a.a.O., S. 35). Diese politische Prämie entsteht: 1. „aus der konkreten Auslegung und Handhabung von unbestimmten und Ermessensbegriffen, wie ‚öffentliche Sicherheit und Ordnung', ‚Gefahr', ‚Notstand', ‚nötige Maßnahmen', ‚Staats- und Verfassungsfeindlichkeit' . . . usw."; 2. aus der Vermutung der Legalität zugunsten des Inhabers der legalen Staatsmacht und 3. in der sofortigen Vollziehbarkeit seiner Anordnungen (a.a.O., S. 35—36). Diese Bemerkungen waren ursprünglich auf die deutschen Verhältnisse der Zeit ihrer Niederschrift (1932) gemünzt, als die „nationale Opposition", der Schmitt in der Gesinnung nahe stand, den Parteien der „Weimarer Koalition" vorwarf, sich in der Staatsmacht zu verschanzen und sich an geschäftsführende Regierungen zu klammern, obwohl sie die Mehrheit im Volk und in der Volksvertretung verloren hatten. Aus der zeitgebundenen Stellungnahme hat der Verfasser aber eine allgemein gültige politische Einsicht gewonnen, die mit Erfahrungen in allen Demokratien belegt werden kann. Wo, wie in der Bundesrepublik Deutschland, eine ausgebaute Verfassungs- und verwaltungsgerichtliche Kontrolle einige Auswirkungen der Prämie auf den legalen Machtbesitz abgeschwächt und teilweise ausgeglichen hat, bleibt ihr wichtigster Gewinn: das Recht und die Möglichkeit, die staatlichen Ämter zu besetzen.

Auch aus anderen Entwicklungen und Fehlentwicklungen der Weimarer Verfassungspraxis hat Carl Schmitt in „Legalität und Legitimität" verfassungstheoretische Folgerungen gezogen und dabei sein isolierendes Modelldenken, z. T. wohl überscharf, angesetzt. In seiner bekannten, auch in der „Verfassungslehre" geübten Weise nimmt er eine systematische Trennung von organisatorischen und grundrechtlichen Verfassungsnormen vor und kennzeichnet den Grundrechtsteil als eine zweite Verfassung (a.a.O., S. 40 ff.). Die Aufblähung des Grundrechtsteils, in dem die verschiedenen weltanschaulichen, wirtschaftlichen, sozialen und beruflichen Interessen und Forderungen den Schutz der erschwerten Abänderbarkeit erhalten und der Verfügung des einfachen Gesetzgebers entzogen werden, ist das eine Phänomen, in dem er einen Widerspruch zum Urtyp des parlamentarischen Gesetzgebungsstaates sieht. Dessen ideelle Grundlage müßte gerade das unbegrenzte Vertrauen zum Gesetzgeber sein. Im verfassungsändernden Gesetzgeber der $^2/_3$ Mehrheit, die zur Änderung der befestigten Artikel und zur Beeinträchtigung der dadurch gewährleisteten Interessen erforderlich ist, findet er einen außerordentlichen Gesetzgeber *ratione materiae*, der das System des Gesetzgebungsstaates stört.

Der andere ist der Volksgesetzgeber, der im Volksentscheid auf Volksbegehren nach Art. 73 Abs. 3 WRV auftritt und von Schmitt die Bezeichnung eines außerordentlichen Gesetzgebers *ratione supremitatis* erhält (a.a.O., S. 62 ff.). Daß der Volkssouverän selbst in die Gesetzgebung eingreifen kann, erscheint ihm als weiterer Widerspruch zum System des Gesetzgebungsstaates. Denn hier erscheine anstelle der „gesetzgebungsstaatlichen Legalität" „die plebiszitäre Legitimität". Beide „sind der Ausdruck von zwei gänzlich verschiedenen Staatsarten" (a.a.O., S. 65). Der Dritte im Wettlauf der Gesetzgeber ist der nach Artikel 48 Abs. 2 WRV Verordnungen (Maßnahmen!) erlassende Reichspräsident. Er wird als außerordentlicher Gesetzgeber *ratione necessitatis* bezeichnet. Mit ihm „ist ein neuer heterogener Gedankengang in das Legalitätssystem der Verfassung eingedrungen" (a.a.O., S. 76), nämlich der des voluntaristischen Verwaltungsstaates.

In diesen Untersuchungen lieferte Carl Schmitt mehr eine politologische als eine juristische Verfassungsanalyse. Die sezierende und isolierende Methode, idealtypische Staatsmodelle in ihrer Folgerichtigkeit aus dem Verfassungsnormenkomplex herauszuholen, ist zumindest dem positivistischen Rechtsdenken, das sich an den gegebenen Normen und ihrem Sinnzusammenhang ausrichtet, fremd geblieben. Nicht zu Unrecht hat man ihr auch den Vorwurf gemacht, Prinzipien und Institutionen im Übereifer logischer Konsequenz auseinanderzureißen, die in der Praxis durchaus eine Harmonie bilden können und sollen, sich ausgleichen und ergänzen. An den Halbheiten, Inkonsequenzen und systematischen Widersprüchen ihrer Konstruktionsprinzipien und der in ihr angelegten Staatsarten, die ihr Carl Schmitt ständig vorwarf, ist die Weimarer Verfassung am wenigsten gescheitert. Der beträchtliche heuristische Wert seiner Unterscheidungen und grundsätzlichen verfassungstheoretischen Deduktionen wird dadurch nicht vermindert.

Sie waren damals auch als Überlegungen zu einer Neugestaltung des deutschen Verfassungswesens gedacht. Das Legalitätssystem des parlamentarischen Gesetzgebungsstaates schien ihm unheilbar erschüttert. Denn: „Der jeweilige Wille der jeweiligen Parlamentsmehrheit beruht seit langem nur auf einem Kompromiß durchaus heterogener Machtorganisationen, und das Parlament ist zum Schauplatz eines pluralistischen Systems geworden . . . Ein folgerichtig durchgeführter Pluralismus braucht eine andere Art von Rechtfertigung als die Legalität des parlamentarischen Gesetzgebungsstaates . . . Eine neue Art von Verfassungsform, wie sie einem ausgebildeten pluralistischen System entspräche, ist bisher nicht zutage getreten. Weder die wirkliche Macht der pluralistischen Organisationen, noch das verfassungstheoretische Bewußtsein der Zeit haben spezifische Gestaltungen hervorgebracht. Vielmehr bleibt bisher alles in den Gleisen und Formeln überlieferter Rechtfertigungssysteme . . ." (a.a.O., S. 90—92). Diese Sätze könnten genauso gut und so gültig für den Staat von Bonn geschrieben sein. Auch nach dem zweiten Weltkrieg und den Erfahrungen mit zwei Arten von Totalitarismus hat sich das verfassungstheoretische Bewußtsein der

Zeit nichts wesentlich Neues einfallen lassen, wenn man nicht die Lehre vom Parteienstaat, d. h. die rechtliche Anerkennung der Parteien als Machtträger, dafür halten will.

Für Carl Schmitt erschien es 1932 als das Hauptgebot einer Neugestaltung, daß „die Entscheidung für das Prinzip der zweiten Verfassung und ihren Versuch einer substanzhaften Ordnung fallen" müsse. „Der Kern des zweiten Hauptteils der Weimarer Verfassung verdient, von Selbstwidersprüchen und Kompromissen befreit und nach seiner inneren Folgerichtigkeit entwickelt zu werden. Gelingt das, so ist der Gedanke eines deutschen Verfassungswerkes gerettet . . ." (a.a.O., S. 98).

Carl Schmitt drängte die Verfassung, sich für eine „substanzhafte Ordnung", gegen Wertneutralität und „dilatorische Formelkompromisse" zu entscheiden. Welche Staatsorganisation diese Entscheidung gefordert hätte, sagte er damals nicht.

Im engen sachlichen Zusammenhang mit der Forderung nach substanzhafter Ordnung und der Ablehnung des wertneutralen Funktionalismus steht auch seine Lehre von den Grenzen der Verfassungsänderung[37]. Ihre systematische Basis ist sein Verfassungsbegriff als „Entscheidung über Art und Form der politischen Existenz eines Volkes" und die Unterscheidung zwischen Verfassungsänderung, Verfassungsdurchbrechung, Verfassungsuspension, die in der „Verfassungslehre" entwickelt wird. Nach dieser Lehre, die in der deutschen Verfassunggebung nach dem zweiten Weltkrieg ihre Nutzanwendung in den sog. Unabänderlichkeitsklauseln fand, sind die grundlegenden Entscheidungen der verfassunggebenden Gewalt über die Staatsform und die grundlegenden Strukturprinzipien der Verfassung der Verfügung des verfassungsändernden Gesetzgebers entzogen.

Es ist hier, wo es nicht um den Juristen Carl Schmitt sondern um seine politologische Ausstrahlung geht, nicht der Ort, seine verfassungsrechtlichen Arbeiten näher darzustellen. Ein Werk wie die „Verfassungslehre" kann zudem auch in der Wissenschaft von der Politik als bekannt vorausgesetzt werden. Daher genüge der Hinweis, daß es diese „Verfassungslehre" war, die den Begriff des pouvoir constituant, den man heute so viel und so gern im Munde führt, in die deutsche Staatswissenschaft erst eigentlich eingeführt und zur Anerkennung gebracht hat.

---

[37] Vgl. Verfassungslehre, 1928, Neudruck 1954, S. 102; Legalität und Legitimität, S. 49 ff.

X. Freund und Feind

1. Keine politische Theorie hat je so viel Ärgernis erregt wie „Der Begriff des Politischen" mit seiner Lehre vom Wesen der Politik als der Unterscheidung von öffentlichem Freund und Feind[38]. Diese Theorie hat eine beträchtliche Sekundärliteratur und unzählbare Hinweise, Zitate, Erwähnungen in geisteswissenschaftlichen Büchern und Aufsätzen aller Art hervorgerufen. Sie verbindet sich in vielen Köpfen mit dem Namen Carl Schmitt wie die Relativitätstheorie mit dem von Albert Einstein. Auch diese Abhandlung zählt chronologisch nicht zu den Frühschriften. Sie ist aber ein Mittelstück seines Gesamtwerkes und soll daher hier auch gewürdigt werden. Will man dieses Werk in Perioden einteilen, so könnte man den „B. d. P." als Einleitung der auf die katholische Periode folgenden nationalistischen Periode bezeichnen, in der sich auch schon die Affinität zu Thomas Hobbes geltend macht, weswegen noch einmal darauf zurück zu kommen sein wird.

Die Reaktion war überwiegend ablehnend. Es gibt kaum eine politische Richtung oder Gruppe, die sich nicht von dieser Lehre provoziert gefühlt hätte. Die Kritik krankte oft daran, daß sie zwei Fragestellungen vermischte: ist diese Konzeption theoretisch falsch oder ist sie praktisch schädlich? Oft wurden Argumente durch Entrüstung ersetzt oder doch verstärkt. Manche Kritiker scheinen die Abhandlung selbst gar nicht oder nur flüchtig gelesen zu haben. In einer weltpolitischen Lage, die durch einen weltweiten Gegensatz und mehrere regionale Konflikte gekennzeichnet ist, die jederzeit in blutige Gewalt ausarten können und immer wieder darin umgeschlagen sind, könnte es einer politischen Wissenschaft, der es auf Erkenntnis der Wirklichkeit und nicht nur auf Erziehung zu politischen Idealen ankommt, nur förderlich sein, sich unvoreingenommen mit Carl Schmitts „Begriff des Politischen" zu befassen. Besonders in Deutschland, Schauplatz und Zielgebiet eines welthistorischen Gegensatzes mit elementarer Feindseligkeit, die keine Ideologie zu vertuschen oder zu beschönigen und bisher keine Entspannungsbemühung zu beseitigen vermochte, stellt sich Juristen und Politologen die Frage, ob in diesem Werk nicht auch klärende Gedanken zur Gegenwartslage zu finden sind.

Carl Schmitts Begriff des Politischen ist das Ergebnis seiner Methode, der besonderen Art und Form der Begriffsbestimmung. Sie kann nach

---

[38] Bibliographie Nr. 20; zuerst als Aufsatz im Archiv für Sozialwiss. u. Sozialpolitik, Bd. 58 (1927), S. 1 erschienen, dann selbständig u. erweitert in mehreren Auflagen. Hier zitiert nach dem Neudruck von 1963, abgekürzt B. d. P.

Auffassung des Verfassers „nur durch Aufdeckung und Feststellung der spezifisch politischen Kategorien gewonnen werden" (a.a.O., S. 26). Das Politische habe „seine eigenen Kriterien", es müsse „in eigenen letzten Unterscheidungen liegen, auf die alles im spezifischen Sinne politische Handeln zurückgeführt werden kann" (a.a.O.). Die gesuchte politische Unterscheidung müsse selbständig neben der Unterscheidung von Gut und Böse in der Moral, von Schön und Häßlich in der Ästhetik, von nützlich und schädlich oder rentabel und unrentabel in der Wirtschaft („im Ökonomischen") stehen. „Diese spezifisch politische Unterscheidung, auf welche sich die politischen Handlungen und Motive zurückführen lassen, ist die Unterscheidung von *Freund* und *Feind*." Diese Begriffsbestimmung will C. S. „nicht als erschöpfende Definition oder Inhaltsangabe" verstanden wissen, sondern „im Sinne eines Kriteriums" (a.a.O.). Nicht aus anderen Kriterien ableitbar, entspricht diese Unterscheidung „den relativ selbständigen Kriterien anderer Gegensätze: Gut und Böse im Moralischen, Schön und Häßlich im Ästhetischen usw." (a.a.O., S. 27). Die Unterscheidung von Freund und Feind, die nicht mit einem jener anderen Gegensätze verwechselt oder vermengt werden darf, „hat den Sinn, den äußersten Intensitätsgrad einer Verbindung oder Trennung, einer Assoziation oder Dissoziation zu bezeichnen" (S. 27). Die Verselbständigung dieser Unterscheidungsmerkmale hat die Folge, daß der politische Feind nicht moralisch böse, nicht ästhetisch häßlich und auch kein wirtschaftlicher Konkurrent zu sein braucht. Die Unterscheidung wird noch dadurch präzisiert, daß der Feind nicht nur vom Konkurrenten, sondern auch vom privaten Gegner, den man haßt, unterschieden wird. „Nur eine wenigstens eventuell, d. h. der realen Möglichkeit nach *kämpfende* Gesamtheit von Menschen, die einer ebensolchen Gesamtheit gegenübersteht", ist für C. S. „Feind", d. h. also nur der *öffentliche* Feind, der dadurch zum öffentlichen wird, daß er auf ein ganzes Volk Bezug hat. „Feind ist *hostis*, nicht *inimicus* im weiteren Sinn" (S. 29).

Dieser Begriff des Politischen hebt sich in beabsichtigter Schärfe von den üblichen Gemeinplätzen und unbestimmten Allgemeinbegriffen ab, mit denen die Theorie der Politik ansonsten ihr Thema definiert. Wird Politik sonst gewöhnlich von der Etymologie her und in Anknüpfung an den Staatsbegriff begrifflich bestimmt — Sorge um die Polis, Lenkung und Gestaltung des Staates, Streben nach Anteil an der Staatsmacht und Beeinflussung der Machtverteilung zwischen den Staaten usw. — so setzt für C. S. umgekehrt der Begriff des Staates den

Begriff des Politischen voraus (S. 20). Staat ist „der politische Status eines in territorialer Geschlossenheit organisierten Volkes" (S. 20). Der Schmittsche Begriff des Politischen ist nur verständlich, wenn man wie sein Urheber den Staat als eine geschichtliche Erscheinung, eine spezielle Form der politischen Einheit ansieht. In einer späteren Veröffentlichung spricht er vom „Staat als ein konkreter, an eine geschichtliche Epoche gebundener Begriff"[39] und im Vorwort zur Neuausgabe des B. d. P. von 1963 behauptet er, „die Epoche der Staatlichkeit geht jetzt zu Ende ... der Staat als das Modell der politischen Einheit ... wird entthront" (S. 10). Die politische Einheit aber, deren Jahrhunderte altes, nun aber angeblich untergehendes Modell der (moderne) Staat war, ist ein stets kampfbereiter menschlicher Verband, eine Gruppierung von Freunden, die sich zum Schutz vor anderen solchen Verbänden, ihren möglichen Feinden, zusammengeschlossen und organisiert hat. Eine „der realen Möglichkeit nach *kämpfende* Gesamtheit von Menschen, die einer ebensolchen Gesamtheit gegenübersteht" (S. 29). Diese Gesamtheit wird in der Regel ein national bewußtes und homogenes Volk sein, sie kann aber auch durch religiöse, sittliche, gesellschaftliche Überzeugung, kulturelle Gemeinschaft oder wirtschaftliche Interessen begründet und verbunden werden. Auch eine religiöse Gemeinschaft kann, wenn sie Krieg führt, zur politischen Einheit werden. „Die politische Einheit ist eben ihrem Wesen nach die maßgebende Einheit, gleichgültig aus welchen Kräften sie ihre letzten psychischen Motive zieht. Sie existiert oder sie existiert nicht. Wenn sie existiert, ist sie die Höchste, d. h. im entscheidenden Fall bestimmende Einheit." (S. 43). Das Urverhalten solcher Grundgesamtheiten oder Urverbände, um den Gedankengang in andere Ausdrücke zu kleiden, ist die latent immer vorhandene Bereitschaft zum „Kampf ums Dasein", die sich in der Unterscheidung von Freund und Feind äußert. „Die reale Möglichkeit des Kampfes" muß immer vorhanden sein, „damit von Politik gesprochen werden kann" (S. 32). „Denn zum Begriff des Feindes gehört die im Bereich des Realen liegende Eventualität eines Kampfes ... Krieg ist bewaffneter Kampf zwischen organisierten politischen Einheiten, Bürgerkrieg bewaffneter Kampf innerhalb einer (dadurch problematisch werdenden) organisierten Einheit" (S. 33). Ebenso wie das Wort Feind will C. S. das Wort Kampf „im Sinne einer seinsmäßigen Ursprünglichkeit" verstehen (S. 33). Ebenso wie der Staat nur eine Form der politischen Einheit (= Kampfgemein-

---

[39] Vgl. Verfassungsrechtliche Aufsätze (1958) S. 375/85. Der Aufsatz ist vom Jahre 1941.

schaft) darstellt, ist der Krieg nur eine Folge oder wie es in einem Corollarium von 1938 heißt, eine Betätigung der Feindschaft. Denn: Feind ist auch „im Verhältnis zu Krieg der primäre Begriff" (S. 102 ff.).

2. Die als Merkmal politischen Denkens und Handelns an den Anfang des B. d. P. gestellte Unterscheidung zwischen öffentlichem Freund und Feind wird im weiteren Verlauf der Abhandlung als Ausfluß einer inhaltlichen Vorstellung der Politik als Völker- und Gruppenkampf kenntlich, in dem Staat und Krieg nur die rechtlichen und technischen Formen und Mittel sind. Weil und solange Politik Existenzkampf von organisierten menschlichen Gemeinschaften ist, beruht politisches Denken und Handeln wesentlich auf dieser Unterscheidung.

Was kann ein solcher B. d. P. der heutigen politischen Wissenschaft bedeuten? Er erscheint einerseits wirklichkeitsnah und zeitlos, andererseits wirklichkeitsfremd, einseitig verzerrt und atavistisch. Ein Blick in die Zeitung lehrt, von wieviel Kampf und Krieg die Erde dröhnt, wie maßgeblich die Freund-Feind-Unterscheidung in und zwischen den Staaten tatsächlich ist. Die marxistisch-leninistische Theorie und Praxis vom Kampf gegen den Klassenfeind, die politische und justizförmige Verfolgung von Staatsfeinden, Feinden der Demokratie und der Freiheit, die Feindschaft zwischen Arabern und Israelis, Indern und Pakistanis, die Feindstaatsklauseln der Artikel 53 und 107 der Satzung der Vereinten Nationen, sind nur Beispiele, die gerade aktuell sind. Die jedermann zugängliche Erfahrung lehrt aber auch, daß das Leben und Wirken der Staaten und ihre Beziehungen untereinander im „Normalzustand" nicht Krieg, sondern Austausch von Ideen und Gütern, Diskussion und Produktion, Rechtsetzung und Rechtsanwendung, Daseinsvorsorge statt Daseinskampf sind.

Das weiß auch C. S. und sagt, „Krieg ist nur die äußerste Realisierung der Feindschaft. Er braucht nichts Alltägliches, nichts Normales zu sein, auch nicht als etwas Ideales oder Wünschenswertes empfunden zu werden, wohl aber muß er als reale Möglichkeit vorhanden bleiben, solange der Begriff des Feindes seinen Sinn hat".

Die Unterscheidung von *Möglichkeit* und *Wirklichkeit* ist für diesen Begriff von Politik ebenso wesentlich wie die von *Sein* und *Sollen*. So wenig ein bestimmtes moralisches Verhalten, wie etwa Treue, Nächstenliebe, Friedfertigkeit oder aber Opfermut und Siegeswille zum Bestandteil des Begriffs gemacht werden, so wenig ist es auch das Streiten und Kämpfen als solches. „Es ist also keineswegs so, als wäre das politische Dasein nichts als blutiger Krieg und jede politische Hand-lung eine politische Kampfhandlung, als würde ununterbrochen jedes Volk jedem anderen gegenüber fortwährend vor die Alternative Freund oder Feind gestellt, und könnte das politisch Richtige nicht gerade in der Vermeidung des Krieges liegen." (S. 33) „Der Krieg ist durchaus nicht Ziel und Zweck oder gar Inhalt der Politik . . ." und das Kriterium der Freund- und Feindunterscheidung bedeutet „auch keineswegs, daß ein bestimmtes Volk ewig der Freund oder Feind eines bestimmten an-deren sein müßte, oder daß eine Neutralität nicht möglich oder nicht politisch sinnvoll sein könnte". Aber die „reale Möglichkeit der Freund-Feindgruppierung" bildet die immer vorhandene Voraussetzung, „die das menschliche Handeln und Denken in eigenartiger Weise bestimmt und dadurch ein spezifisch politisches Verhalten bewirkt" (S. 35). „Das Politische liegt nicht im Kampf selbst . . . sondern . . . in einem von dieser realen Möglichkeit bestimmten Verhalten . . ." (S. 37).

Politisches Verhalten als ein von der realen *Möglichkeit* zu Kampf und Krieg bestimmtes Gruppenverhalten, politisches Denken als von dieser Möglichkeit bestimmtes Unterscheiden von Freunden und Fein-den, von freundlichem und feindlichem Verhalten anderer Gruppen — so ließe sich der Sinn des B. d. P. kurzfassen. Da er die Möglichkeit des Kampfes, die Kampfbereitschaft und -notwendigkeit für die eigentüm-liche Voraussetzung der Politik hält, folgert C. S.: „Eine Welt, in der die Möglichkeit eines solchen Kampfes restlos beseitigt und verschwun-den ist, ein endgültig pazifierter Erdball, wäre eine Welt ohne Unter-scheidung von Freund und Feind und infolgedessen eine Welt ohne Politik." (S. 35)

In diesem letzten Satz enthüllt sich die grandiose Einseitigkeit des Schmittschen B. d. P. und erweist sich die Grenze seines Nutzens für Gegenwart und Zukunft. Dieser von allen heterogenen Bestandteilen, allen sittlichen, rechtlichen, wirtschaftlichen, ästhetischen, humanitären Zweckbestimmungen „gereinigte" Begriff, der mit der bekannten isolie-renden Methode geschliffen worden ist, deckt nicht die ganze Wirklich-keit des staatlichen, gesellschaftlichen und zwischenvölkischen Lebens. Man kann diesen B. d. P. vielleicht mit dem atomaren *Kern* vergleichen, um den herum sich andere Verhaltensweisen bewegen, die auch Politik sind. Man kann auch von *Elementen* der Politik sprechen, von denen der Kampf nur eines ist. Auch andere Strebungen und Verhaltensweisen (Ordnungstiften, Rechtsetzen, Lebensvorsorge) sind Politik. Sie sind Politik in jenem weiteren, allgemeinem Sinn von Gestaltung des Gemein-

wesens, Sorge um die Polis, dessen wissenschaftliche Berechtigung C. S.,
wenn auch nur beiläufig, anerkannt hat. Er hält „die allgemeinen Be-
griffsbestimmungen des Politischen, die nichts weiter als eine Weiter-
oder Rückverweisung an den ‚Staat‘ enthalten", für „verständlich und
insofern auch wissenschaftlich berechtigt, solange der Staat wirklich eine
klare, eindeutig bestimmte Größe ist und nicht-staatlichen, eben deshalb
„unpolitischen" Gruppen und Angelegenheiten gegenübersteht..." (S. 23).
Die Gleichung Staatlich = Politisch werde allerdings „in demselben
Maße unrichtig und irreführend, in welchem Staat und Gesellschaft sich
gegenseitig durchdringen..." (S. 24).

Wenn also auch das so gewonnene *Ursubstrat der Politik* die Fülle
der Erscheinungen, der menschlichen und gesellschaftlichen Strebungen,
nicht zu erklären vermag, ist die Destillation eines so spezifischen
B. d. Politischen doch von bleibendem theoretischen Interesse als Versuch, den Nebel der allgemeinen Begriffe aufzulösen. Sie hat auch die
akademische Intelligenz, die sich in verständlicher Weise nach beiden
Weltkriegen von humanitären und kosmopolitischen Idealen begeistern
ließ, wieder auf gewisse harte Realitäten der Politik hingewiesen, vor
allem auf das Phänomen der politischen *Feindschaft*.

Zweiter Teil

Carl Schmitt und Thomas Hobbes:
Ideelle Beziehungen und aktuelle Bedeutung

I. Parallelität des Schicksals

Durch die Beziehung Carl Schmitts zum Werk Thomas Hobbes' steht
die politische Philosophie der Gegenwart in unmittelbarer und substanzieller Gedankenverbindung zu den Klassikern der politischen Wissenschaft. Überlieferung und Deutung, Einfluß und Geistesverwandtschaft, Spiegelung und Distanzierung haben sich darin kaum entwirrbar
vermischt. Denn Carl Schmitt ist nicht nur einer der bedeutendsten
Hobbes-Deuter deutscher Sprache sondern auch sein geistiger Nachfahr
im 20. Jahrhundert. Carl Schmitts Werk, insbesondere sein Beitrag zur
politischen Theorie, wird erst auf dem Hintergrund von Thomas
Hobbes' politischer Gedankenwelt voll verständlich, die darin eine
teilweise und aktualisierte Renaissance erfahren hat. Diese Zusammenhänge sind gewiß nicht verborgen geblieben, aber noch nie systematisch
untersucht worden. Einen ersten aber schon auf die ideellen Grundlagen
vorstoßenden Hinweis lieferte ein anderer bedeutender Hobbesforscher, *Leo Strauss*, bereits 1932 in seinen „Anmerkungen zu Carl
Schmitt, Der Begriff des Politischen" (Archiv für Sozialwissenschaft
und Sozialpolitik, 67. Bd. 1932, S. 732—749)[1], wo er Schmitts berühmtes und später so viel verdammtes Buch auf Hobbes' Lehre vom Naturzustand bezog. In der nach 1945 entstandenen Sekundärliteratur zu
Carl Schmitt finden sich weitere Hinweise auf sein Verhältnis zu
Hobbes[2].

---

[1] Wiederabgedruckt in *L. Strauss*, Hobbes' politische Wissenschaft, Neuwied, Reihe
Politica, Bd. 21 1965, S. 161.

[2] Vgl. vor allem *Martin Jänicke*, Die ‚Abgründige Wissenschaft' vom Leviathan, Zur
Hobbes-Deutung Carl Schmitts im Dritten Reich, Ztschr. f. Politik, 16. Jhrg. 1969, S.
401—415; ferner *Peter Schneider*, Ausnahmezustand und Norm, 1957, S. 134—135,
219. *Mathias Schmitz*, Die Freund-Feind-Theorie Carl Schmitts, 1965, S. 109—118;
Hasso Hofmann, a.a.O., S. 161 ff.

Carl Schmitt selbst hat der späteren Geistesgeschichte in autobiographischen Betrachtungen vorgegriffen, indem er sich in der persönlichen Bekenntnisschrift „Ex Captivitate Salus" (Köln 1950) als „Bruder" und „Freund" des großen Engländers bezeichnete. Diese Äußerungen fielen in einer Zeit, da der nach der Auflösung des Hitler-Reiches gefangene und gebannte „Kronjurist" Rückschau und Selbstbesinnung hielt — gewiß nicht ohne apologetische Absicht. Sich als Bruder und Freund von Thomas Hobbes und Bodin bezeichnen, die sich in seiner „nächsten alltäglichen Nähe" befänden (S. 63) und für deren Seelen er bete (S. 67), ist Ausdruck eines starken Rangbewußtseins. Daß er ihrem intellektuellen und schriftstellerischen Rang gleichkommt, ist heute wohl nicht mehr zu bestreiten. Wieweit er sich zu Recht auf ihre Erkenntnisse und Gesinnungen, auf ihre Positionen und Begriffe beruft, bleibt zu prüfen. Ob sein geistesgeschichtlicher Nachhall einmal dem ihren entsprechen wird, können erst spätere Generationen ermessen.

In seinen Selbstbetrachtungen von 1946/50 erwähnt er Hobbes neben Bodin. „Diese beiden Namen aus dem Zeitalter der konfessionellen Bürgerkriege" seien für ihn „zu Namen von lebendigen und gegenwärtigen Menschen" geworden, zu Namen von „Brüdern", mit denen er „über die Jahrhunderte hinweg in eine Familie hineingewachsen" sei. Die Gedanken und Formulierungen der beiden seien ihm geläufig, „wie die Denk- und Redeweise eines Bruders". Sie hätten sein Denken „wachgehalten und vorwärtsgetrieben", als der Positivismus seiner Jahrgänge ihn bedrückte, bei ihnen hätte er aktuellere Antworten auf öffentlich-rechtliche Fragen der Zeit gefunden als in den Kommentaren zu den Verfassungen oder den Publikationen der „Genfer Liga" (S. 64).

Von den beiden Manen hat Hobbes für das Werk Carl Schmitts die tiefere Bedeutung erlangt, so daß eine Betrachtung ihres geistesgeschichtlichen Verhältnisses einigen Gewinn für das Verständnis beider verspricht. Von Bodin sagt Schmitt in der erwähnten Bekenntnisschrift, er habe den „entscheidenden Begriff des jus publicum Europaeum, den innen- und außenpolitisch souveränen Staat ... mit unvergleichlichem Erfolg herausgestellt" (S. 65/66), einen Begriff also und eine Institution, um die auch seine eigene Arbeit stets bemüht war. Sich selbst stellt er als den „letzten, bewußten Vertreter des jus publicum Europaeum, seinen letzten Lehrer und Forscher in einem existenziellen Sinne" vor (S. 75) und sieht sich damit in der Nachfolge Bodins. Als politischer Philosoph aber steht Carl Schmitt mehr in der Nachfolge von Thomas Hobbes, von dem es in der Bekenntnisschrift heißt, er habe den „modernen Leviathan", die „vierfache Kombination von Gott und Tier und Mensch und Maschine" besser begriffen als Bodin, der zwar auch „vom Bürgerkrieg her geprägt", aber dessen „Verzweiflung noch nicht groß genug" war (S. 64, 66). Auch die dann folgenden Bemerkungen über Lage, Leben und Wesen des Thomas Hobbes sind im Bewußtsein einer geschichtlichen und existenziellen Parallelität formuliert: Hobbes gehöre „zu den großen Einsamen des 17. Jahrhunderts", er habe „stets in unverlierbarer Freiheit des Geistes und immer in guter persönlicher Deckung, immer entweder auf der Flucht oder in einer unauffälligen Verborgenheit" über „diese gefährlichen Dinge nachgedacht, gesprochen und geschrieben" (S. 66). Er habe „sich nicht ein einziges Mal persönlich exponiert", und „er dachte nicht daran, den Macht- und Rechthabern seines Zeitalters ins Messer zu laufen ... in Furcht und Vorsicht wurde er über 90 Jahre alt und hat er das Leben eines unabhängigen Geistes geführt" (a.a.O. S. 67).

Zeitgenössische Kritiker und ideologische Widersacher haben Carl Schmitt diese Duplizität der Fälle, wenigstens soweit sie das persönliche Verhalten der beiden Staatsdenker betrifft, nicht abgenommen. *F. A. von der Heydte,* ein relativ versöhnlicher Kritiker des Menschen und des Werkes, spottete über die „Brüder im Geiste", die dieser in seiner nächsten Nähe zu sehen glaubte, „ohne gewahr zu werden, daß die Phantome, die er um sich wähnte, gar nicht der echte, geschichtliche Bodin und Hobbes waren sondern wiederum er selbst in der Maske jener beiden"[3]. Obwohl hier weder Lebensbeschreibungen noch Charakterstudien sondern nur Anmerkungen zu einem anregenden geistesgeschichtlichen Thema geboten werden können und sollen, läßt sich doch der Hinweis auf einen Unterschied im persönlichen Verhalten der beiden Staatsphilosophen nicht verschweigen, der sich auf Struktur und Entwicklung ihres literarischen Schaffens ausgewirkt hat und insofern auch literargeschichtlich erheblich ist. So vorsichtig Hobbes im Leben gewesen sein mag, so sehr auf persönliche Deckung bedacht, den Vorwurf des politischen Stellungswechsels, der thematischen und stilistischen Anpassung an wechselnde Regime konnte man ihm nicht machen. Sein politisches Werk bildet ein relativ geschlossenes abgerundetes System, von den ontologisch-philosophischen Grundlagen bis zu der politischen Theologie in den Schlußkapiteln des „Leviathan". Er ist seiner politisch-theoretischen Linie stets treu geblieben, von den Elements of Law (1640),

---

[3] *F. A. v. d. Heydte,* Heil aus der Gefangenschaft? Hochland, 43. Jhrg. 1951, S. 288, 294.

über De Cive (1642), Leviathan (1651) bis zum Behemoth (1679). So kann sein literarisches Vermächtnis, seine politische Philosophie, deren vollendete Form im „Leviathan" vorliegt, als ein großer geschlossener Gedankenkomplex verstanden und dargestellt werden[4]. Anders liegen die Dinge im Schaffen Carl Schmitts, in dem verschiedene Phasen mit z. T. widersprüchlicher Tendenz erkennbar sind und aus dem die Periode von 1933—1944 sich besonders kraß abhebt. Wenn auch die kontinuierlichen Grundelemente in seinem politischen Denken mittlerweile besser erkannt wurden und gerade auch in diesen Ausführungen gewürdigt werden, bleiben doch die Richtungsänderungen im Werk Schmitts ebenso unbestreitbar wie seine Beiträge zur Rechtfertigungsideologie des nationalsozialistischen Machtstaates. Hobbes hat sich bei aller Vorliebe für den königlichen Absolutismus nie einem politischen System so verschrieben, wie es — aus welchen Motiven auch immer — Carl Schmitt getan hat[5]. Hobbes brauchte deswegen auch keine auffälligen Wendungen in seiner theoretischen Position zu vollziehen, soviel Wendungen in den staatlichen Machtverhältnissen er auch erlebte. Auch Hobbes lebte die längste Zeit in Tuchfühlung zum Machthaber, doch erweist er sich in seinen Schriften mehr als Lehrer seiner Mitbürger denn als Anwalt seines Herrschers.

Die Gründe für diesen Unterschied im persönlichen Verhalten der beiden Staatsphilosophen liegen wohl nicht nur in (der wissenschaftlichen Darstellung entzogenen) menschlichen Eigenschaften, sondern auch in ihren äußeren Lebensumständen und in den Zeitverhältnissen: Hobbes, zeitlebens ein Schützling grundbesitzender Adelskreise und beim König Karl II. wohlgelitten, entzog sich den Wirren und Gefahren der Revolution durch zeitweilige Emigration nach Frankreich; Carl Schmitt, als beamteter Professor von staatlichen Bezügen abhängig, blieb nach der Machtübernahme Hitlers im Lande und stellte sich der neuen Zeit, in der er manche eigene Vorstellungen verwirklicht glaubte. Hobbes hatte es mit fürstlichem und parlamentarischem Absolutismus und mit religiöser Unduldsamkeit in einer technisch unentwickelten Epoche zu tun, Carl Schmitt mit dem totalitären Staat des technischen Zeitalters, in dem sich

---

[4] Aus der unübersehbaren Fülle der Hobbes-Literatur sei hier zunächst nur verwiesen auf: *Bernard Willms*, Die Antwort des Leviathan, Thomas Hobbes' politische Theorie, Neuwied 1970; *Kosellek-Schnur* (Hrsg.), Hobbes-Forschungen, Berlin 1969; *Brown*, K. C. (Hrsg.), Hobbes Studies, Oxford 1965; *Leo Strauss*, Hobbes politische Wissenschaft, Neuwied, 1965.

[5] Vgl. dazu die Anklage von *Adolf Schüle* in Juristenzeitung 1959, S. 729 (Glosse zur Schmitt-Festschrift 1958).

der Machtanspruch des Staates mit dem Monopolanspruch einer politischen „Weltanschauung" verband und sich mit den Hilfsmitteln der Technik verstärkte. Wenn hier trotz der erwähnten Verschiedenheiten in der zeitgeschichtlichen Herausforderung und in der subjektiven Reaktion Carl Schmitts Anspruch auf ideelle Verwandschaft, auf Brüderschaft im Geiste mit Thomas Hobbes anerkannt wird, so im Hinblick darauf, daß seine staatsphilosophischen Grundgedanken hobbesischer Natur sind, daß für beide politischen Denker der Ordnungsmacht des Staates höchster Rang zukommt. Auf diese Grundhaltung aber kommt es ideengeschichtlich letztlich an.

Auch beider Echo als Schriftsteller ist eine seltsame Wiederholung des Schicksals. Beide sind als Urheber unsterblicher Formeln und Schlagworte weit über den Kreis ihrer Leser bekannt. Was für Hobbes der symbolische Titel „Leviathan" und die Sätze vom „bellum omnium contra omnes", — „homo homini lupus", — „authoritas von veritas facit legem" — sind, bedeuten für Carl Schmitt die Titel „Legalität und Legitimität" und „Politische Theologie" sowie Formulierungen wie: „souverän ist, wer über den Ausnahmezustand entscheidet", — „die spezifisch politische Unterscheidung ... ist die von Freund und Feind" — und Stichworte wie: „dilatorischer Formelkompromiss" — „Prämie auf den legalen Machtbesitz" u. a. Aber auch heftige Anfeindungen zu Lebzeiten sind beider Los gewesen. Zog sich Hobbes die Gegnerschaft katholischer und presbyterianischer Geistlicher, später auch liberaler Kreise zu, wurde auf seinen Leviathan geradezu Jagd gemacht[6], so war Carl Schmitt nicht erst seit 1933 Zielscheibe liberaler, sozialistischer und christlicher Kritik. Beiden geht die vielen Intellektuellen und Journalisten so unheimliche Fama eines Machttheoretikers voran, der eine wurde noch Jahrhunderte nach seinem Tode als Atheist verschrien, der andere gilt weithin schlicht als „Faschist". Beide haben ganze Glaubens- und Weltanschauungsgruppen durch ihre Thesen und spitzen Formulierungen immer wieder provoziert: Hobbes die Theologen, Schmitt vor allem die liberale Intelligenz. Was für jenen der Bischof Bramhall u. a. waren, bedeuteten für diesen viele bekannte und unbekannte Professorenkollegen, wie Erich Kaufmann, Helmut Ridder u. a.[7].

---

[6] Vgl. *Samuel Mintz*, The Hunting of Leviathan, Cambridge, 1962, 2. Aufl. 1969. Mintz schildert die zeitgenössische Reaktion auf Hobbes' Materialismus, Nominalismus und Moralphilosophie; das Echo auf seine politischen Lehren behandelt *J. Bowle*, Hobbes and his Critics, London, 1951.

[7] *Ridder* „entlarvte" 1967 in 2 Folgen der „Neuen Politischen Literatur" (NPL, XII. Jhrg, Heft 1 u. 2) Anhänger und Einflüsse Carl Schmitts unter der Überschrift

II. Kritik des „Leviathan"

1. Carl Schmitts Beziehung zu Thomas Hobbes äußert sich unmittelbar in seinen Veröffentlichungen über Hobbes und mittelbar in vielfältiger sachlicher Übereinstimmung des Gedankens, in seiner Staatsphilosophie wie in seinem Rechtsdenken. Dreimal hat er in systematischer Weise, daneben in Artikeln und zahlreichen verstreuten Hinweisen, zu Hobbes Stellung genommen. Er äußerte sich nicht nur im Nachvollzug der hobbesischen Gedanken sondern auch mit Kritik.

An erster Stelle ist das 1938 erschienene Buch „Der Leviathan in der Staatslehre des Thomas Hobbes" zu nennen, dann der Literaturbericht über neuere Leviathan-Interpretationen, den er unter der Überschrift „Die vollendete Reformation" in der Zeitschrift „Der Staat" (4. Bd. 1965, S. 51—69) veröffentlichte, ferner das in einer Anmerkung zur Neuausgabe des „Begriffs des Politischen" (1963, S. 122) enthaltene „Hobbes-Kristall". Dazu kommen kleinere Aufsätze: „Der Staats als Mechanismus bei Hobbes und Descartes", Archiv für Rechts- und Sozialphilosophie, 1937, Bd. XXX, S. 622—632; „Dreihundert Jahre Leviathan", Universitas, 1952, S. 179—181, beide fügen seiner Hobbesdeutung nichts wesentliches hinzu.

Das Leviathanbuch von 1938 ist aus zwei im gleichen Jahre gehaltenen Vorträgen und dem Aufsatz von 1937 hervorgegangen und verdient nicht zuletzt wegen des Erscheinungsjahres besondere Aufmerksamkeit. Während ein Hinweis darauf heute fast in keiner deutschen Hobbes-Studie mehr fehlt, ist es im Ausland, vor allem in der zahlreichen englischsprachigen Hobbes-Literatur, die sich so oft auf Tönnies' Hobbes-Forschungen beruft, seltsamerweise weithin unbeachtet geblieben. Obwohl es in der Periode erschien, da sein Verfasser noch als Kronjurist des totalitären Staates angesehen wurde und wohl auch so angesehen werden wollte, hat es sich dieser — im Gegensatz zu anderen zeitgenössischen Schriftstellern — versagt, Hobbes als Vorläufer des totalen Staates des 20. Jahrhunderts vorzustellen. Dennoch ist seine Abhandlung vom Einfluß des Zeitgeistes nicht frei und kann nicht gerade als Dokument des inneren Widerstandes qualifiziert werden[8].

„Schmittiana", lieferte also ein kleines Gegenstück zur Jagd auf den Leviathan von damals. *Erich Kaufmanns* Stellungnahme zu C. S. jetzt in seinen gesammelten Schriften, Bd. III, 1960, Vorwort, S. 68 und S. 375 ff.

[8] So wollte es Carl Schmitt anscheinend 1946 verstanden wissen, als er seinen „Leviathan" neben Ernst Jüngers „Marmorklippen" erwähnte (Ex Captivitate Salus, 1950, S. 21).

Carl Schmitts „Leviathan" ist keine systematisch deutende Darstellung der politischen Philosophie Hobbes', wie wir sie in deutscher Sprache jetzt von *Leo Strauss* und *Bernard Willms*[9], in knappem Abriß schon in dem Hobbes-Buch von *Ferdinand Tönnies* (1. Aufl. 1896) besitzen. Er setzt die Kenntnis der großen Züge dieser Lehre voraus und spricht über „Sinn und Fehlschlag eines politischen Symbols" (Untertitel). Carl Schmitt ist Künder und Deuter, nicht Berichterstatter des Werkes von Hobbes, über das er aus der Sicht eines geistigen Nachfahren spricht, der sich ähnlichen Erfahrungen in paralleler Situation gegenüber zu sehen glaubt.

Seine Fragestellung und sein ideeller Standort sind von denen der meisten zeitgenössischen und späteren Autoren von Hobbesbüchern grundverschieden. Für ihn stehen andere Themen im Vordergrund als für jene. Nicht ob und wie Hobbes' politische Theorie sich in seine allgemeine Philosophie einfügt, wie sein Staats- und Souveränitätsbegriff auf seine materialistisch-nominalistische Weltsicht und seine individualistische Gesellschaftstheorie aufbaut, welches seine Stellung in der Lehre vom Gesellschaftsvertrag und in der Naturrechtstheorie ist, beschäftigt ihn. Diese bei angelsächsischen Interpreten und Geisteshistorikern so beliebten Themen werden von Carl Schmitt nur gestreift oder vorausgesetzt. Seine Fragen sind: 1. ob der aus dem Alten Testament (Buch Hiob, Kap. 40 und 41) stammende Mythos vom Seeungeheuer Leviathan das angemessene Symbol der von Hobbes postulierten Idee der überlegenen Einheit der Staatsmacht war; 2. Welche Kräfte und Ideen die Ordnungsmacht des einheitlichen Staates mit Auflösung bedrohen, den Leviathan zu erlegen und zu zerlegen sich anschicken.

Die Darstellung der Lehre des Thomas Hobbes ist für Schmitt kein Selbstzweck und auch kein philosophisches Anliegen, sondern Anlaß zur Beantwortung staatstheoretischer Fragen seiner Zeit aus dem Geist und der Erfahrung des Hobbes. Wenn er sein Buch dennoch mit einer eingehenden Untersuchung der Herkunft, der christlich-theologischen und der jüdisch-kabbalistischen Deutungen des Leviathan-Mythos, des Bildes eines Drachen, einer Schlange, eines Walfisches oder Seeungeheurs, beginnt, so geschieht das in der Erkenntnis, daß der Leviathan von Hobbes als ein Symbol des Kampfes der Idee der staatlichen Einheit und Ordnung gegen eine religiös motivierte Zerstörung dieser Einheit, symbolisiert im „Behemoth" gemeint war. Dem Interpreten von 1938 kam es auf das Problem an, „ob der von Hobbes geschaffene Mythos des Leviathan

---

[9] Vgl. Anmerkung 4.

eine echte Wiederherstellung der ursprünglichen Lebenseinheit war, ob er sich als politisch-mythisches Bild im Kampf gegen die judenchristliche Zerstörung der natürlichen Einheit bewährt hat oder nicht, und ob er der Härte und Bosheit eines solchen Kampfes gewachsen war" (S. 23).

Schmitt zeichnet die verschiedenen Wandlungen und Verwendungen dieses mythischen Bildes in der Geistesgeschichte bis zu Hobbes in anschaulicher, eindringlich belegter Weise nach. Er zeigt, daß der Leviathan mittelalterlich-christlichen Theologen bis hin zu Luther den Teufel, den „Fürsten dieser Welt", bedeutete, jüdischer Deutung dagegen die feindlichen Mächte des Heidentums. Zur Zeit, als Hobbes sein gleichnamiges Buch schrieb, hatte das Symbol, wie die Dämonie überhaupt, seinen Schrecken bereits verloren und war zu einer „humorvollen Bezeichnung für alle möglichen ungewöhnlich großen und mächtigen Menschen und Dinge, Häuser und Schiffe" geworden. Die Bedeutung des Leviathan bei Hobbes besteht nach Schmitt „nur darin, daß er, als ein wirksames Bibelzitat, die stärkste irdische Macht durch ein Tier veranschaulicht, dessen überragende Stärke alle weniger Starken im Zaume hält" (S. 35)[10] Dabei findet er bei Hobbes keine ausreichende eigene Deutung dieses Buchtitels, der eine „mythische Totalität von Gott, Mensch, Tier und Maschine" bezeichnete. Das Bild des Leviathan sei „seiner Auffassung des Staates nicht adäquat", und so erklärt es Schmitt als „einen aus gutem englischen Humor geborenen, halbironischen, literarischen Einfall" (S. 31). In seiner abschließenden Würdigung („Das Symbol schlägt fehl und ist der Gegendeutung nicht gewachsen", (S. 119—132) faßt er seine Kritik in der These zusammen, Hobbes habe sich mit diesem Bilde vergriffen und sein Versuch der Wiederherstellung der natürlichen Einheit (von Polis und Ekklesia) sei gescheitert (S. 130), nicht zuletzt, so darf man den Interpreten interpretieren, an dem ungeeigneten, nicht überzeugenden sondern eher Schrecken oder Spott herausfordernden Mythos.

Neuerdings ist an dieser Fragestellung beanstandet worden, sie habe den „mythischen Aspekt schon zu Ungunsten der rationalen Konstruktion überinterpretiert" (Willms, a.a.O. S. 177). Darauf kann jedoch mit Schmitts Bemerkung (S. 26) entgegenet werden, daß das Symbol des Buchtitels bekannter und berühmter geworden ist als der Inhalt des Werkes. Gerade in diesem Zusammenhang kann die Bedeutung von

---

[10] Die von *Hobbes* und *Schmitt* angeführte stützende Bibelstelle ist Hiob Kap. 41, 24 (25): non est potestas super terram quae comparetur ei. Vgl. hierzu u. a. *Julien Freund*, Le Dieu Mortel, Hobbes-Forschungen, 1969, S. 33 ff.

Schlagworten, Symbolen und Mythen kaum überschätzt werden. Die Frage nach dem „politischen Mythos als eine eigenmächtige, geschichtliche Kraft" (S. 45) ist von Carl Schmitt mit gutem Grund aufgeworfen worden, nährt sich doch die in den Zeiten nach Hobbes aufgekommene und in der Mitte des 20. Jahrhunderts zu heftiger Virulenz gesteigerte liberale Antipathie gegen den starken Staat immer noch aus der Gegendeutung des Symbols, aus Schreckbildern, die mit dem Mythos des Leviathan wenigstens die gefühlsmäßige Wirkung gemeinsam haben. Was man in jenen Zeiten mit dem Leviathan bezeichnete, nennt der heutige Sprachgebrauch „Obrigkeitsstaat".

2. Auch mit seiner zweiten an Hobbes Leviathan gerichteten Frage steht Carl Schmitt, soweit ich sehe, allein da. Der Deutungen und Auswertungen der hobbesischen politischen Theorie sind bekanntlich viele. Verschiedene politische Denkrichtungen setzten die Akzente verschieden, bemächtigten sich verschiedener Axiome und Aspekte seines komplexen Gedankensystems. Das ist nicht erstaunlich, wenn man bedenkt, daß Hobbes sowohl Naturrechtler als auch Machttheoretiker war, eine Lehre vom Gesellschaftsvertrag und eine Souveränitätstheorie begründete, die Autonomie des Individuums mit politischem Dezisionismus der souveränen Gewalt (Monarch- oder repräsentative Volksversammlung) in einem großartigen, rationalistisch argumentierenden, mit einem mythischen Symbol gekrönten Gedankengebäude verbunden hat. Die im Naturzustand des Krieges aller gegen alle einander wie Wölfe belauernden, autonom ihr subjektives Recht (Freiheit) auf alles und jedes wahrnehmenden Einzelnen schließen in einem Akt der Vernunft den Gesellschafts- und Herrschaftsvertrag, durch den sie unwiderruflich die souveräne Staatsmacht einsetzen oder sich einem Eroberer gegen Schonung ihres Lebens unterwerfen, weil nur auf diese Weise Frieden und Ordnung geschaffen, Chaos und Bürgerkrieg abgewendet werden können. Der Inhaber der Souveränität ist Quelle allen Rechts, er entscheidet auch, welche religiösen und politischen Meinungen für das geordnete Gemeinschaftsleben oder für das Seelenheil notwendig und daher verbindlich sind. Ein deutscher Hobbesforscher nennt dies System den „Leviathan als garantierte Vertragsgesellschaft"[11]. Bezieht man noch die philosophisch-anthropologischen Grundlagen mit ein, auf denen Hobbes den Bau seiner politischen Theorien errichtet hat, den Nominalismus, Materialismus und den „poietischen Subjektivismus" (B. Willms a.a.O. S. 79 ff), d. h. die Vorstellung, daß der Staat ein Erzeugnis rationalen,

---

[11] B. Willms, a.a.O., S. 116 ff.

zweckhaften menschlichen Denkens und Tuns oder Herstellens (Machens) ist, so begreift man noch besser, daß sich das „Hobbes-Kristall" mit seinen verschiedenen Flächen und Aspekten vom einen Standpunkt anders ansieht, als vom anderen. Die einen haben seine Naturrechtslehre im Blick, die anderen seine Souveränitätstheorie; die einen den Vertrag, die anderen die Entscheidung; die einen das Recht, die anderen die Macht; einmal wird er neben Kant gestellt, sonst neben Machiavelli. Fast jede Richtung kann überzeugende Hobbes-Deutungen aufweisen.

Eine der besten neueren Interpretationen englischer Sprache ist die von *Howard Warrender*, der unter der Überschrift „The Political Philosophy of Hobbes — His Theory of Obligation" (Oxford, 1957) die hobbesische Theorie als Pflichtenlehre darstellt und nach dem Grund der Verbindlichkeit von Recht, Gesetz und Vertrag bei Hobbes fragt[12]. Im Schlußkapitel erörtert er das Verhältnis von Macht und Recht bei Hobbes und kommt zu dem Ergebnis, daß der hobbesische Machtstaat letztlich vom natürlichen Recht und der Überzeugung von seiner Verbindlichkeit abhängt. Denn dem Inhaber der souveränen Gewalt zu gehorchen, hat Hobbes als eine Pflicht der Staatsbürger erklärt, die er aus ihren obersten Pflichten, Frieden zu erstreben, Verträge zu halten und für erwiesene Wohltat sich dankbar zu erweisen, ableitet. „This type of power, however, which has been called political power, can be sustained only if a critical number of his subjects see conformity or obedience to be their duty. If there is any dependence in these terms, therefore, might does not make right; it follows from right. Hobbes theory of political society is based upon a theory of duty, and his theory of duty belongs essentially to the natural law tradition"[13].

In dieser Interpretation scheint die Lehre Hobbes' gar kein „Fremdkörper" in der philosophischen Tradition des Abendlandes zu sein, als der sie in der Einleitung von Iring Fetscher zur deutschen Übersetzung des „Leviathan" von W. Euchner, vielleicht auch nur rethorisch, bezeichnet wurde[14]. Würde Hobbes mit dieser Auslegung ausgeschöpft, müßte eher schon Carl Schmitts Leviathandeutung als sachfremd erscheinen. Doch davon kann keine Rede sein. Vielmehr liegt sie am Ge-

---

[12] Der Urheber dieser Sichtweise auf das Hobbes-Kristall ist ein anderer englischer Gelehrter, *A.E. Taylor;* vgl. seinen Beitrag The Ethical Doctrine of Hobbes, in Hobbes-Studies, Oxford, 1965, S. 35 ff. und die Kritik daran von *Stuart M. Brown,* Jr. ebenda, S. 57 ff. Taylor vergleicht Hobbes mit Kant.

[13] *Warrender,* a.a.O., S. 322.

[14] *Th. Hobbes,* Leviathan, deutsche Übersetzung von W. Euchner, Reihe Politica, Bd. 22, S. IX.

genpol des Theorienglobus um Hobbes. Schmitt richtet den Scheinwerfer seiner Darstellung auf den machtstaatlichen Oberbau und läßt die rechtsphilosophische Basis im Schatten. Im 3. und 4. Kapitel seines „Leviathan" entwickelt er den Sinn des Symbols im begrifflichen und systematischen Aufbau der Staatstheorie des Hobbes. Der Schilderung der Pathogenese des modernen Staates in den darauf folgenden Kapiteln schickt er hier eine knappe und präzise Zusammenfassung der als Entstehung aus dem Naturzustand ausgegebenen ratio des Staates bei Hobbes voran. Anknüpfend an die Gegenformel zum homo homini lupus des Naturzustandes, das homo homini deus des staatlichen Zustandes, und an die Kennzeichnung des Staates als „deus mortalis" setzt Carl Schmitt hierbei seine Kritik an Hobbes' Symbolik fort. Viele Mißverständnisse und Mißdeutungen erklärten sich daraus, daß „Hobbes in Wirklichkeit drei verschiedene, miteinander nicht in Einklang zu bringende Vorstellungen seines „Gottes" verwendet. Im Vordergrund steht auffällig das vieldeutige, Gott, Mensch, Tier und Maschine in sich aufnehmende mythische Bild vom Leviathan. Daneben dient eine juristische Vertragskonstruktion dazu, eine durch Repräsentation zustande kommende souveräne Person zu erklären" (S. 48). Der Vertragskonstruktion als solcher wird also von Carl Schmitt eine untergeordnete Funktion zuerkannt. Sie ist hauptsächlich Ausdruck der Entstehung des Staates aus dem vernünftigen Willen der Menschen, des Staates als Menschenwerk. Das Ergebnis aber ist „mehr und eigentlich etwas anderes„... „als ein von bloßen Individuen geschlossener Vertrag bewirken könnte ..." (S. 51). Die souverän-repräsentative Person „kommt nicht durch sondern nur anläßlich des Konsenses zustande", sie „ist unverhältnismäßig mehr, als die summierte Kraft aller beteiligten Einzelwillen bewirken könnte" (S. 52).

Als Menschenwerk ist der Staat wesentlich Maschine. Der Leviathan wurde „zu einem riesenhaften Mechanismus im Dienste der Sicherung des diesseitigen physischen Daseins der von ihm beherrschten und beschützten Menschen" (S. 54). Dadurch steht Hobbes am Anfang der Vorstellung des Staates als Apparat, als eines technisch-neutralen Instrumentes, dessen sich die verschiedenartigsten politischen Mächte bedienen können (S. 63). Damit ist aber auch „ein neuer Boden rechtlichen und staats-theoretischen Denkens gewonnen, nämlich der des juristischen Positivismus". So ist in Hobbes Staatsbegriff auch schon der Prototyp des positivistischen Gesetzesstaates vorgebildet, der sich im 19. Jahrhundert als historischer Typ herausgebildet hat (S. 70). In großen eleganten

Sprüngen geht Carl Schmitts Referat am Leitfaden des Leviathan durch drei Jahrhunderte europäischer politischer Ideengeschichte, Hobbes theoretische Vorstellungen mit seinen eigenen politischen und historischen Perspektiven kombinierend.

III. Aussage in die Zeit

Der Leviathandeuter von 1938 sieht Bleibendes und Verganges, Allgemeingültiges und Zeitbedingtes bei Hobbes. Er weiß, daß dessen Staatsgedanke sich nur auf dem europäischen Kontinent, nicht auf den britischen Inseln (und auch nicht in den Vereinigten Staaten von Amerika), verwirklicht hat. Er meint, daß dieser Staatsgedanke dort, wo er historische Ausprägungen fand, in Frankreich und Preußen, von starken geistigen und sozialen Kräften bekämpft und schließlich aufgelöst wurde. Welche Kräfte und Mächte macht er dafür verantwortlich? Den Keim der Zersetzung trug Hobbes Gedankenwerk bereits in sich. Daß er dem Souverän auch die verbindliche Entscheidung in Glaubensfragen, einschließlich der Entscheidung darüber, was ein Wunder ist, zugesprochen hat und dem Einzelnen lediglich vorbehält, in seinem Innern daran zu glauben oder nicht, ist Hobbes von theologischer wie von liberaler Seite stets verübelt und als Befürwortung einer Staatsomnipotenz höchsten Grades verstanden worden. Carl Schmitt dagegen richtet sein Augenmerk auf den „individualistischen Vorbehalt" des Glaubens: „Aber an dieser Stelle, auf dem Höhepunkt der die Einheit von Religion und Politik bewirkenden souveränen Macht, zeigt sich die Bruchstelle in der sonst so geschlossenen, unwiderstehlichen Einheit" (S. 84). Er sieht in dieser "Unterscheidung von Außen und Innen" (S. 79), von innerem Glauben und äußerem Bekenntnis, von öffentlich und privat, fides und confessio einen doppelten Ansatz: den „Beginn der modernen individualistischen Gedanken- und Gewissensfreiheit und damit der für die Struktur des liberalen Verfassungssystems kennzeichnenden Freiheitsrechte des Einzelnen; und zweitens den Ursprung des Staates als einer aus der Unerkennbarkeit substanzieller Wahrheit gerechtfertigten, äußerlichen Macht . . ." (S. 85/6). Der „Vorbehalt der inneren, privaten Gedanken- und Glaubensfreiheit", der „in das politische System aufgenommen ist, . . . wurde zum Todeskeim, der den mächtigen Leviathan von innen her zerstört und den sterblichen Gott zur Strecke gebracht hat". Es war die „große Einbruchstelle des modernen Liberalismus" (S. 86).

Aus dieser Stellungnahme spricht nicht der „Freund" und „Bruder" des Thomas Hobbes sondern ein Stiefbruder, ein Kritiker, der sein

Gedankengebäude mit den Maßen der deutschen Situation von 1938 mißt. Welchen Hintersinn Carl Schmitt mit dieser Hobbes-Kritik eigentlich verband, ist allerdings den Ausführungen im 5. Kapitel seines „Leviathan" nicht eindeutig zu entnehmen. Es spricht viel dafür, daß er nicht nur eine geistesgeschichtliche sondern auch eine Aussage in die Zeit machen wollte. Formulierungen, die als verschlüsselte Entlarvungen des totalitären Systems gedeutet werden könnten, stehen Sätze gegenüber, die den Zeitgeist atmen und als totalitäre Kritik an Hobbes, als Vorwurf, daß er einen solchen Riß im auf Totalität angelegten Staat hingenommen hat, verstanden werden müssen. Zu den ersteren gehört die Bemerkung von der „Überlegenheit des Innerlichen gegenüber dem Äußerlichen, des Unsichtbaren gegenüber dem Sichtbaren, des Stillen gegenüber dem Lauten, des Jenseits gegenüber dem Diesseits" (S. 95). Dazu gehört auch der Satz von der „Gegenkraft des Schweigens und der Stille", die wächst, wenn „die öffentliche Macht nur noch öffentlich sein will, wenn Staat und Bekenntnis den innerlichen Glauben ins Private abdrängen". Dann „begibt sich die Seele eines Volkes auf den ‚geheimnisvollen Weg', der nach innen führt". (S. 94) Diese etwas sibyllinischen Worte werden durch eine ziemlich deutliche Bezichtigung jüdischer Denker aufgewogen, aus ihrer besonderen jüdischen Existenz und Mentalität heraus zur Verbreiterung des Einbruchs in das Gefüge des Leviathan beigetragen zu haben (S. 86—89 betr. Spinoza, S. 92—93 betr. Moses Mendelssohn). In solchen Ausführungen mischten sich geistesgeschichtliche Analyse und zeitgenössisches Vorurteil zu einer schwer nachprüfbaren Hypothese von der Zersetzung der staatlichen Einheit[15].

Als Hobbes-Kritik konnten 1938 wohl auch Carl Schmitts Hinweise auf die „rechtsstaatliche" Komponente im Werk des Philosophen aufgefaßt werden. Er bezeichnet ihn als einen „geistigen Ahnen des bürgerlichen Rechts- und Verfassungsstaates ..., der im 19. Jahrhundert auf dem europäischen Kontinent zur Herrschaft gelangte" (S. 103). Dabei identifiziert er den „bürgerlichen Rechtsstaat" als Gesetzesstaat. Hobbes Ahnschaft aber liegt einmal in seiner Theorie der Staatsentstehung durch Vertrag, worin, wie Carl Schmitt unter Berufung auch auf Ferdinand Tönnies ausführt, eine ideelle Vorwegnahme der Verfassunggebung durch eine Nationalversammlung gesehen werden kann. Das andere hobbesische Element im bürgerlichen Rechtsstaatsbegriff findet sich in seinem positivistischen Gesetzesbegriff, in dem Recht nur als Gesetz, das

---

[15] Vgl. hierzu die Bemerkungen eines heutigen Politologen, *Martin Jänicke*, a.a.O., S. 408—409.

Gesetz aber als Befehl der Staatsgewalt erscheint. In dieser Darstellung ideengeschichtlicher Zusammenhänge hat Carl Schmitt aber ungeachtet der hintergründigen Kritik am Rechtsstaatsgedanken dadurch einen wertvollen Beitrag zur Hobbes-Interpretation geliefert, daß er Hobbes' Werk gegen die einseitige Ausdeutung seiner machtstaatlichen Aspekte in Schutz nimmt. Er bemerkt, daß die „rechtsstaatlichen Elemente seiner Lehre" inzwischen herausgearbeitet seien und Hobbes als Theoretiker des „positiven Rechtsstaats" anerkannt sei, nachdem die spezifisch gesetzesstaatlichen Elemente seiner Staats- und Rechtslehre lange Zeit verkannt worden waren. Insbesondere wendet er sich auch gegen eine kurz zuvor erschienene Deutung eines französischen Sozialphilosophen, der Hobbes als „Kirchenvater" des heutigen „Totalismus" hinstellte. Das Bild des Leviathan diene „heute nach dazu, in ihm das Urbild alles dessen zu sehen, was die westliche Demokratie unter dem polemischen Schreckbild eines totalitären Staates und des „Totalismus" versteht"[16]. Ein Vorläufer rechtsstaatlicher Ideen ist Hobbes auch darin, daß er ex post facto Gesetze für unverbindlich erklärt, und schon den Grundsatz aufstellt, der später in der Formel nullum crimen sine lege Geltung erlangte[17].

In voller Übereinstimmung befindet sich der Deuter von 1938 mit dem, was ihm als das zentrale Thema des Leviathan erscheint: „Für Hobbes kommt es darauf an, durch den Staat die Anarchie des feudalen, ständischen oder kirchlichen Widerstandsrechts und den daraus fortwährend neu entbrennenden Bürgerkrieg zu überwinden und dem mittelalterlichen Pluralismus, den Herrschaftsansprüchen der Kirchen und anderer indirekter Gewalten die rationale Einheit einer eindeutigen, eines wirksamen Schutzes fähigen Macht und eines berechenbar funktionierenden Legalitätssystems entgegenzusetzen" (S. 113). In der Darlegung, wie und von wem die einheitliche Staatsmacht, die sich im Sinne des hobbesischen Staatsgedankens in Europa entwickelt hatte, zersetzt wurde, gibt Carl Schmitt die Antwort auf seine zweite an den „Leviathan" gerichtete Frage. Zugleich entwickelt er dabei seine eigene Theorie von den „indirekten Gewalten". Die alten Gegner waren Kirche und Interessenorganisationen, im 19. Jahrhundert sind sie „in moderner Gestalt als politische Parteien, Gewerkschaften, soziale Verbände, mit einem Wort als Mächte der Gesellschaft wiedererschienen" und haben sich in der

---

[16] C. S. Leviathan, S. 111/112; G. *Vialatoux*, La Cité de Hobbes, theorie de l'état totalitaire, Paris - Lyon, 1935.

[17] Vgl. *Hobbes*, Leviathan, Kap. 27 und 28; dazu C. S., a.a.O., S. 110 u. 115.

durch das liberale Verfassungssystem eingeräumten staatsfreien Sphäre entfalten können (S. 116—117). In der Entwicklung dieser Antwort wechselt der Verfasser von der ideengeschichtlichen Beweisführung unversehens in die sozial- und politikgeschichtliche, behauptet er nicht nur den Fehlschlag eines politischen Symbols, sondern auch den eines politischen Systems, des bürgerlichen Gesetzes- und Verfassungsstaats. Damit liegt sein Leviathanbuch aber nicht nur in der Linie seiner eigenen, in früheren Werken entfalteten Kritik an diesem System[18], sondern trifft sich insoweit auch mit der Verneinung der liberalen pluralistischen Demokratie durch die zur Zeit der Abfassung herrschende Partei.

Was in diesem Zusammenhang über das Wesen einer indirekten Gewalt gesagt wird, ist echter Carl Schmitt, aber in der gedanklichen Tradition von Thomas Hobbes: sie trübt „die eindeutige Übereinstimmung von staatlichem Befehl und politischer Gefahr, von Macht und Verantwortung, Schutz und Gehorsam"; sie hält „aus der Unverantwortlichkeit eines zwar nur indirekten, aber darum nicht weniger intensiven Herrschens heraus, alle Vorteile und keine Gefahr der politischen Macht in der Hand" (S. 117). Am Schluß dieses Kapitels beschwört der Verfasser ein technisch-mythisches Bild, um sein Urteil über den Fehlschlag des Leviathan zusammenzufassen: „Denn die wunderbare Armatur einer modernen staatlichen Organisation erfordert einen einheitlichen Willen und einen einheitlichen Geist. Wenn mehrere verschiedenartige, miteinander streitende Geister aus dem Dunkeln heraus diese Armatur bewegen, wird die Maschine bald zerbrechen und mit ihr das System einer gesetzesstaatlichen Legalität" (S. 118).

IV. Eine „Entlarvung"

Außer den Ideen der Gewissens- und Meinungsfreiheit und den sozialen Kräften der indirekten Gewalten machte Carl Schmitt damals noch eine Erscheinung für die Zerstörung des einheitlichen Staats verantwortlich: den jüdischen Geist, den er in einer durchgehenden Linie von *Spinoza* über *Moses Mendelssohn* zu *Friedrich Julius Stahl* am zersetzenden Werke sah. Besonders ist ihm an der „Entlarvung" des bekannten und in bürgerlich-nationalen Kreisen der Hitlerzeit noch sehr geschätzten konservativen Staatsphilosophen Stahl gelegen, den er als Stahl-Jolson

---

[18] Legalität und Legitimität, 1932; Der Hüter der Verfassung, 1931; Staatsgefüge und Zusammenbruch des zweiten Reiches, 1934.

tituliert und dessen israelische Herkunft ihm geistesgeschichtlich bedeutsam erscheint. Er habe die „Einbruchstelle" des gesetzesstaatlichen Systems sofort erkannt und zur Entwicklung eines rein formalen Rechtsstaatsbegriffs „benutzt". Auch habe er das preußische Königtum „auf die Ebene des innerpolitischen Feindes", des „Konstitutionalismus" geführt (S. 108—110).

In einem Zeitalter, das allenthalben so ideologiebewußt ist, wie das heutige, wird die Frage nach den ökonomischen, sozialen und ideengeschichtlichen Voraussetzungen bestimmter Theorien und sozialphilosophischer Syteme, die Frage nach dem geistigen Standort und nach dem besonderen „Klasseninteresse" eines Denkers gern gestellt. Es kann daher auch nicht grundsätzlich unerlaubt sein, nach der Rückbeziehung eines sozialphilosophischen Gedankens auf die existentielle und ideelle Zugehörigkeit seines Urhebers zu einer nationalen oder religiösen Minderheit zu fragen. Insoweit kann es einen wissenschaftlichen Sinn haben, die jüdische Existenz eines politischen Philosophen erklärend zu berücksichtigen. Carl Schmitts damalige Ideologiekritik an Spinoza, Mendelssohn und Stahl ist aber wissenschaftlich nicht begründet und kommt stellenweise einer Anschuldigung näher als einer Erklärung. Diese Zeilen seines sonst so wichtigen und bereichernden Leviathanbuches atmen nicht den Geist des Hobbes, sondern den des deutschen Antisemitismus der Hitlerzeit.

V. Die „vollendete Reformation"

Was Carl Schmitt in den Jahren nach dem Zusammenbruch des deutschen Totalitarismus über Hobbes publiziert hat, ist wesentlich knapper als die Darlegungen von 1938. Es zeigt keinen Bruch, keine eigentliche Wendung in seiner Stellungnahme, wohl aber eine Akzentverschiebung und eine etwas andere Bewertung. Das gilt vor allem von seinem Literaturbericht von 1965, dem er die Überschrift *„Die vollendete Reformation"* gab[19]. Die darin besprochenen, damals neu erschienenen Bücher über Hobbes von *Hood* und *Braun* und der Hinweis auf eine Buchrezension des Kanonisten *Barion* geben ihm Gelegenheit, sich nach langer Zeit wieder einmal, und etwas ausführlicher als in der Anmerkung zur Neuausgabe des Begriffs des Politischen von 1963, über Hobbes und seine Deuter zu äußern[20]. Indem er die jüngeren Interpreten

---

[19] Vgl. Der Staat, 4. Bd. 1965, S. 51—69.
[20] Es handelt sich um: 1. *F. C. Hood*, The Divine Politics of Thomas Hobbes, London 1964; 2. *Dietrich Braun*, Der sterbliche Gott oder Leviathan gegen Behemoth,

des Weisen von Malmesbury in milder Weise auf Versäumnisse oder Fehldeutungen aufmerksam macht und einen Gedanken des römisch-katholischen Theologen und Juristen zustimmend aufgreift, kann er seine in einem langen Gelehrtenleben immer wieder erkannte Wahlverwandschaft mit Hobbes erneut zur Geltung bringen. Den „Autor nicht besser verstehen, als dieser sich selbst verstanden hat", ist eine Maxime, deren Befolgung er bei *Hood* lobt, deren Verletzung er bei *Braun* rügt. Aber die Frage, was Hobbes wirklich gemeint hat, ließe sich nicht ohne zeitgeschichtliche Erörterungen beantworten. Die eigene Stellungnahme wird mit dem überraschenden Satz eingeleitet: „Die Staatslehre des Thomas Hobbes ist ein Stück seiner Politischen Theologie". Sein „Souverän ist ein Christ", wie er in der Reformation überhaupt als Christ vorausgesetzt werde. Hobbes sei nun einmal, wie J. J. Rousseau gesagt habe, „un auteur chrétien". Der zentrale Satz des Leviathan, *that Jesus is the Christ,* „ist bei ihm nicht nur ein subjektives Bekenntnis, sondern auch eine Achse des begrifflichen Denksystems seiner politischen Theologie" (a.a.O. S. 52). In diesen Bemerkungen liegt nicht nur eine Akzentverschiebung der Interpretation im Vergleich zum Leviathanbuch von 1938 sondern auch eine Überbewertung des theologischen Bestandteils in Hobbes Werk. So richtig und nützlich es ist, Hobbes auch heute noch gegen den Atheismusvorwurf in Schutz zu nehmen und die tragende Bedeutung seines oft wiederholten Satzes, Jesus is the Christ, hervorzuheben, seine Staatslehre kann jedenfalls dann nicht als Teil einer politischen Theologie angesehen werden, wenn damit geistliche Verkündigung gemeint ist, die den weltlichen Bereich betrifft, oder die Entwicklung politischer Begriffe aus religiösen Vorstellungen[21]. Eher lassen sich die theo-

---

Teil I, Zürich 1963; 3. *Hans Barion,* Besprechung des Sammelbandes „Saggi storici intorno al Papato" (Rom 1959), Ztschr. der Savigny-Stiftung für Rechtsgeschichte, kanonistische Abt. XLVI, Weimar 1960, S. 481.

[21] Vgl. zur Doppeldeutigkeit des Terminus „Politische Theologie" die Studie von *Hans Barion* „Zur Politischen Theologie des II. Vatikanischen Konzils" in Epirrhosis, Festgabe für Carl Schmitt, 1968, Bd. I, S. 13, 14. Die Doppeldeutigkeit des Begriffs hat C. S. auch in seinem Spätwerk, der „Politischen Theologie II" (1970) nicht beseitigt, in dem er die „Legende von der Erledigung jeder Politischen Theologie" bekämpft, die er auf die Schrift des evangelischen und später konvertierten Theologen *Erik Peterson* „Der Monotheismus als politisches Problem" (1935) zurückführt. Peterson hatte die theologische und religiöse Rechtfertigung politischer Macht, Deifizierung der Kaiser, Cäsaropapismus im Auge, Schmitt denkt zumindest ebensosehr an pastorale Einflußnahme auf politische und soziale Entscheidungen in der Gegenwart. Er hält eine Trennung der Bereiche von Politik und Theologie heute um so weniger für möglich, als man nicht mehr an feste Institutionen und Kompetenzen des Staates und der Kirche anknüpfen kann, die beide von der „Gesellschaft" und der Gesellschafts-

logischen Ausführungen im Leviathan als „Theologische Politik" i. S. der Unterscheidung von Barion in seinem Beitrag zur Festschrift für Carl Schmitt (1968, S. 14) verstehen, d. h. als theologische Argumente zur Unterstützung einer politischen These. Der Satz „Jesus is the Christ" gilt Hobbes bekanntlich als das einzige Grunddogma des Christentums, das zu glauben heilsnotwendig ist, alle übrigen kirchlichen Lehren stellt er damit zur Disposition des Souveräns. Mit Recht wendet sich deshalb Bernard Willms gegen die Überbetonung des Theologischen in Schmitts jüngster Stellungnahme und sagt, „daß Hobbes Denken als Ganzes nicht als das eines Theologen zu qualifizieren sei." Hobbes sei Sohn einer theologisch argumentierenden Zeit, aber kein Theologe, Gottesgelehrsamkeit blieb bei ihm dem Politisch-Philosophischen nachgeordnet[22].

Auch in der Bewertung der liberal-rechtsstaatlichen Elemente bei Hobbes zeigt der Aufsatz von 1965 einen Gradunterschied zur früheren Beurteilung. Die in England von Taylor, Warrender und Hood entwikkelte hobbesische Pflichtenlehre, wonach der „eigentliche, auch im Gewissen bindende Grund zum Gehorsam" nach Hobbes in naturrechtlichen Geboten liegt, die aber erst durch Gottes Befehl oder das Wort der heiligen Schrift verbindlich werden, wird gebilligt. Der „starke Sinn für individualistische Freiheit, der bei Hobbes lebendig ist ... das freiheitliche Element seines gesetzesstaatlichen Denkens" ... werden nun nicht mehr als Einbruchstellen für die Zersetzung der einheitlichen, Politik und Religion umfassenden Staatsmacht dargestellt, sondern als Beweis „für die Unabhängigkeit seines Denkens und die Echtheit seines freiheitlichen Sinnes ..." (S. 51, 61). Konsequent aber legt Carl Schmitt 1965 wie 1938 dagegen Verwahrung ein, Hobbes als intellektuellen Urheber des totalen Staates oder als Zyniker der Machtvergötzung abzutun. In seiner einleuchtenden Kritik· an der Interpretation des Karl Barth-Schülers Dietrich *Braun* entwickelt er dann unter Verwendung eines von *Barion* wenige Jahre zuvor gegebenen Stichworts seine These von Hobbes als dem Vollender der Reformation. Die Vollendung der Reformation ist für Carl Schmitt die Umkehrung des geistlichen Suprematieanspruchs durch den Anspruch der weltlichen Obrigkeit auf letzte Entscheidung. „Die epochale Bedeutung des Thomas Hobbes besteht darin, den rein politischen Sinn des geistlichen Entscheidungsanspruchs begrifflich klar erkannt zu haben" (S. 64). Bei ihm ist „die klare staatliche Antithese

---

politik durchdrungen sind. Die Theologie der Revolution ist die gegenwärtige Version der Politischen Theologie.

[22] *Benard Willms*, Die Antwort des Leviathan, 1970, S .177—179. Vgl. auch *Dietrich Braun*, a.a.O., passim.

zum römisch-kirchlichen Entscheidungsmonopol" durchgebrochen. „Sie ist wirklich der Ausdruck vollendeter Reformation" (S. 65, 69).

Vom „Fehlschlag eines politischen Symbols" zur „vollendeten Reformation" — so könnte man den Weg von Carl Schmitts systematischer, exegetischer Hobbes-Interpretation überschreiben. Bei weitgehender Übereinstimmung in der Grundanschauung des geistigen Ahnen ist die Evolution der Beurteilung nicht zu verkennen: der Untersuchung von 1938 hatte die Frage zugrunde gelegen, welchen Wert Hobbes' Staatslehre für das Bestreben nach Überwindung des liberal-pluralistischen Staates durch den nationalen Einheitsstaat habe; sie wurde letzten Endes nicht für ausreichend befunden, da ihr das als Schreckbild wirkende Symbol im Wege stand und die Mächte der Auflösung handfeste Ansatzpunkte oder Bruchstellen fanden. 1965 dagegen erschien Hobbes als der erfolgreiche Vollender der Reformation, der Theoretiker des cuius regio eius religio. War sein Staatsbild auch an seiner falschen Symbolik und an den Machenschaften der indirekten Gewalten gescheitert — es hatte immerhin dazu beigetragen, den politischen Machtanspruch der Kirchen zu überwinden. Hobbes Staatslehre war darüberhinaus eine der Grundlagen der klassischen Wissenschaft von der Politik.

VI. Das Hobbes-Kristall

Die geistigen Orte, an denen sich die Gedankenlinien Carl Schmitts mit denen von Thomas Hobbes überschneiden, die Grundlagen ihrer ideellen Konvergenz, hat der erstere in konzentrierter Form in dem „Hobbes-Kristall" gezeichnet, das er der Neuausgabe des „Begriffs des Politischen" (S. 122) beifügte. Dieser System-Kristall, den er „die Frucht einer lebenslangen Arbeit an dem großen Thema im ganzen und dem Werk des Thomas Hobbes im besonderen" nennt, ist nur dem Kenner der politischen Lehre, insbesondere des Leviathan von Hobbes richtig verständlich, ihm aber faßt er einige Grundlinien dieser Lehre in eindrücklicher Klarheit zusammen. Es ist einer jener ungewöhnlichen Einfälle, die ein großes und verwickeltes Problem durchsichtig machen, der Carl Schmitt die tragenden Sätze der hobbesischen politischen Theorie in diesem halb graphischen Gebilde zueinander in Beziehung setzen ließ. Die 5 Achsen des Kristalls, die von oben nach unten und dann wieder von unten nach oben zu lesen sind, enthalten zugleich cum grano salis politische Lehrsätze Carl Schmitts: obenan, offen für Transzendenz, steht die religiöse Wahrheit, *Satz 1:*

veritas: „Jesus Christus",

das gemeinsame Bekenntnis aller christlichen Konfessionen. „Der grauenhafte Bürgerkrieg der christlichen Konfessionen wirft aber sofort die Frage auf: Wer deutet und vollzieht in rechtsverbindlicher Weise diese fortwährend interpretationsbedürftige Wahrheit? Wer entscheidet, was wahres Christentum ist?" Das besagt *Satz 2:*

„Quis interpretabitur?"

Das heißt soviel, wie „das unaufhörliche quis judicabit?" und wird beantwortet mit *Satz 3:*

„Autoritas, non veritas facit legem".

„Die Wahrheit vollzieht sich nicht selbst, dazu bedarf es vollziehbarer Befehle". Diese gibt nach *Satz 4:*

„Potestas directa, non indirecta",

also eine Gewalt, die sich zum Unterschied von der indirekten „für die Ausführung des Befehls verbürgt, die Gehorsam verlangt und den, der ihr gehorcht, zu schützen vermag." Damit erreicht man *Satz 5:*

„Oboedientia et Protectio".

Liest man das Diagramm von oben nach unten, so geht man von der allgemeinen, grundlegenden Wahrheit aus, stößt auf das Problem ihrer verbindlichen Auslegung und Vollziehung, gelangt so zu einer gesetzgebenden Autorität, die aber eine verantwortliche öffentliche Gewalt sein muß und als solche für den Schutz, den sie gewährt, Gehorsam verlangen darf.

Steigt man umgekehrt von unten nach oben, wird Satz 5 also zu Satz 1 und Satz 1 zu Satz 5, so steht der einzelne Mensch im „Naturzustand" am Anfang, dessen Schutz- und Sicherheitsbedürfnis ihn nötigt, sich einer Gehorsam fordernden Gewalt zu unterwerfen, die die Autorität zur Gesetzgebung und zur verbindlichen Entscheidung von Glaubens- oder Wertfragen besitzt.

Um die Lehre des Hobbes aus ihrer Einbettung in die Begriffe und Vorstellungen ihrer Entstehungszeit und besonders aus ihrer religiösen Beweisführung und Begründung herauszuheben, stellt Carl Schmitt dann die Frage, ob der christliche Bekenntnissatz an der Spitze, der von Hobbes schon als gemeinsamer neutraler Nenner aller christlichen Konfessionen gemeint war, auswechselbar ist. Könnte der erste Satz nicht auch lauten: „Allah ist groß", oder ein soziales Ideal, einen obersten Wert beinhalten, wie „Freiheit, Gleichheit, Brüderlichkeit" oder: „der Mensch ist gut", oder „Jedem nach seinen Leistungen" usw. usw.? Hobbes habe eine so weitgehende Neutralisierung vermutlich nicht gemeint (a.a.O. S. 123), aber indem Carl Schmitt diese „Ersatzwahrheiten" erwähnt, gelingt ihm sowohl der konzentrierte Beweis der zeitlosen Anwendbarkeit hobbesischer Grundgedanken als auch ihre Identifizierung mit seinen eigenen.

VII. Der Begriff des Politischen

Damit ist der theoretische Bereich, in dem sich die Kreise der Lehren von Carl Schmitt und Thomas Hobbes überschneiden, noch nicht abgeschritten. Auf hobbesischem Gedankenboden steht auch die in der berühmten Schrift „Der Begriff des Politischen" (1932, neu 1963) entwickelte Politologie. Schon der erste Satz, „der Begriff des Staates setzt den Begriff des Politischen voraus", wird erst auf dem Hintergrund der hobbesischen Lehre vom Naturzustand verständlich. Diesen hatte Hobbes als einen Krieg aller gegen alle gekennzeichnet, der erst im Staat als dem status civilis überwunden werde. Politik als Kampf um Macht und Ansprüche (Interessen) und Staat als befriedende Ordnungsmacht sind Vorstellungen, in denen Schmitt mit Hobbes übereinstimmt. „Schmitt bringt den Hobbesschen Begriff des Naturzustandes wieder zu Ehren", hatte *Leo Strauss* schon 1932 in seinen „Anmerkungen" zum „Begriff des Politischen" (a.a.O. S. 737) bemerkt. Auch die von Schmitt herausgestellte „spezifisch politische Unterscheidung, auf welche sich die politischen Handlungen und Motive zurückführen lassen, ... die Unterscheidung von Freund und Feind", paßt in das Bild des hobbesischen Naturzustandes, zu seiner Vorstellung von Politik. Auch im staatlichen Zustand kennt Hobbes noch Feinde (Staatsfeinde und Rebellen), zu denen er im christlichen Staat auch Gottesleugner zählt. Bei Hobbes ist auch die in den folgenden Jahrhunderten weithin verlorengegangene Unterscheidung von gerichtlicher prosecution und bloß gerichtsförmiger, wesentlich politischer persecution der Sache nach noch lebendig. Staatliche Strafmaßnahmen, die über das gesetzlich Vorgeschriebene hinausgehen sowie ex post facto Gesetze nennt er hostility, Feindseligkeit.

Dennoch läßt sich ein gewisser Unterschied in der Tendenz beider politischer Philosophen nicht verkennen, auf den ebenfalls Leo Strauss (a.a.O. S. 737, 744, 747) hingewiesen hat. Während Hobbes den natürlichen Kampfzustand verwirft und ihn nur zur Rechtfertigung des Staates unterstellt, als die von der Ordnung zu überwindende Anarchie, nimmt Carl Schmitt ihn anscheinend als unabänderlich gegeben hin, scheint ihn an einigen Stellen sogar positiv zu bewerten. „Die Bejahung des Politischen ist die Bejahung des Naturstandes. Schmitt stellt die Bejahung des Naturstandes der Hobbesschen Verneinung des Naturstandes entgegen", meint Strauss (a.a.O. S. 747). Nun ist es aber ebensowenig berechtigt, Schmitt allein auf Grund seiner anti-liberalistischen Ausführungen in der vielzitierten Abhandlung von 1932 zum Repräsentanten einer „bellizistischen" Ideologie zu stempeln, wie Hobbes als Pazifisten zu verstehen, weil er das Streben nach Frieden zum ersten naturrechtlichen Gebot erhoben und den Sinn des Staates in der inneren Befriedung gesehen hat. Auch für Schmitt geht es in seinem gesamten Werk um die Bewältigung der latent stets vorhandenen Anarchie. Die „Bejahung des Politischen als solchen" ist, wie Strauss 1932 einräumte, „nicht sein letztes Wort". „Sein letztes Wort ist die ‚Ordnung der menschlichen Dinge'" (a.a.O., S. 749). Andererseits ist für Hobbes Verteidigungsbereitschaft nach außen ein selbstverständliches Gebot staatlicher Selbsterhaltung, Abschaffung des Krieges eine Vorstellung, die außerhalb seines Horizontes liegt. So scheinen beide Staatsphilosophien den Bereich des kämpferischen Naturzustandes der Politik letztlich doch in gleicher Weise abzugrenzen: in den zwischenstaatlichen Beziehungen herrscht er rein und unverhüllt, im Inneren des Staates nur dort, wo die im Verhältnis von Schutz und Gehorsam und im gesetzesstaatlichen Legalitätssystem bestehende Ordnung aufhört.

Aus der Grundvorstellung des kämpferischen Naturzustandes entwickelt Schmitt einen auch für seine Staats*rechts*lehre bedeutsamen staatsthoretischen Begriff, den der „politischen Einheit", als Oberbegriff zum Staatsbegriff. *Politische Einheit* ist nach der aus dem „Begriff des Politischen" zu deduzierenden Definition ein menschlicher Verband, der im möglichen Ernstfall des effektiven Kampfes die Freund-Feind-Gruppierung maßgebend bestimmt und damit souverän ist, und der sich durch die Macht über das physische Leben der Menschen (jus belli) über jede andere Art von Gemeinschaft oder Gesellschaft erhebt[23]. Der Staat ist in dieser Gedankenreihe „eine durchaus zeitgebundene, geschichtlich bedingte, konkrete und spezifische Organisationsform der politischen Einheit", nämlich eine „in sich befriedete, territorial in sich geschlossene und für Fremde undurchdringliche, organisierte politische Einheit." Das „Zeitalter der Staatlichkeit", das „vom 16. bis 20. Jahrhundert reicht", ... geht jetzt zu Ende", erklärte Schmitt 1941 und wieder 1963[24].

---

[23] Begriff des Politischen, S. 40, 43, 45—48.
[24] Staat als ein konkreter, an eine geschichtliche Epoche gebundener Begriff (1941), in Verfassungsrechtliche Aufsätze, 1958, S. 375, 376. Begriff d. Politischen S. 47 und Vorwort von 1963, S. 10. Politische Theologie II, in Eunomia, 1971, S. 92.

Mit seinem Begriff der politischen Einheit geht Carl Schmitt von einer hobbesischen Auffassung des Naturzustandes der sozialen und internationalen Beziehungen aus, verbindet damit aber eine ganz eigene Periodisierung und Historisierung des Staatsbegriffes, die letzten Endes auf den terminologischen Streit hinausläuft, ob die griechische Polis, die römische Republik und das mitttelalterliche Reich mit dem neuzeitlichen europäischen Nationalstaat unter dem zu Beginn der Neuzeit aufgekommenen Begriff des „Staates" in wissenschaftlicher Betrachtung zusammengefaßt werden können. Die Wesensunterschiede der Verbandstypen verschiedener Epochen müssen durch die allgemeine Bezeichnung nicht verwischt werden, deswegen braucht der Staatsbegriff also nicht auf einen bestimmten geschichtlichen Zeitraum begrenzt zu werden. Andererseits verengt Schmitts Begriff der „politischen Einheit" den Staatsbegriff auf die Verteidigungsfunktion, faßt den body politic, anders als Hobbes, letzten Endes als eine Kampfgemeinschaft auf. Während Hobbes den Naturzustand primär als den Stand des Krieges von Individuen, die Funktion des Staates als die der inneren Befriedung ansieht, ist der Naturzustand für den deutschen Hobbesianer des 20. Jahrhunderts primär ein Konflikt von Gruppen, insbesondere von Völkern, das letzte Kriterium des Staates die Wehrbereitschaft im Ernstfall[25].

VIII. Der zwischenstaatliche Naturzustand

Hobbes hat sich zu den *zwischenstaatlichen Beziehungen* nur spärlich geäußert, für Carl Schmitt als Gelehrten des Völkerrechts bilden sie einen hervorragenden, wiederholt behandelten Gegenstand seines Denkens und Schreibens. Daß er sich dabei als Hobbesianer erwiesen habe, ist schon gelegentlich bemerkt worden, trifft aber nur für den Untergrund, nicht für die Konstruktion seiner Thesen zu.

Sinn und Zweck des Staates sind für Hobbes Frieden und Sicherheit. Da diese Bedingungen zivilisierten Lebens aber nur durch eine souveräne Macht, eben die Staatsgewalt, gewährleistet werden, kann es zwischen den Staaten, in ihrem Außenverhältnis, keine wahre Friedensordnung geben: „Aber was sonst anders sind mehrere Staaten, als ebenso viele Feldlager, die sich durch Truppen und Waffen gegeneinander verteidigen und deren Zustand, da Staaten durch keine gemeinsame Gewalt in Schranken gehalten werden (wenn auch ein ungewisser

---

[25] *Leo Strauss*, a.a.O., S. 737.

Friede, gleichsam ein kurzer Waffenstillstand zwischen ihnen herrscht), daher als Naturzustand d. h. als Kriegszustand erachtet werden muß?" (De Cive, 10. Kapitel, 17. Abschnitt, Schluß)[26]. Völkerrecht setzt er mit nur im Gewissen verpflichtendem Naturrecht (Law of Nature i. S. des Hobbes) gleich; jedem Souverän räumt er das Recht der Kriegführung als unveräußerliches Attribut ein, um „seinem Volk Sicherheit zu verschaffen" (Leviathan, Kapitel 30)[27]. Krieg, bei dem er nicht zwischen gerechtem und ungerechtem Grund unterscheidet, faßt Hobbes als Zustand auf: „For Warre, consisteth not in Battell only, or the act of fighting; but in a tract of time, wherein the will to contend by Battell is sufficiently known . . ." Deshalb gehöre zum Wesen des Krieges der Begriff Zeit, wie zum Wesen des Wetters. Denn wie das Wesen des schlechten Wetters nicht in ein paar Regenschauern liege, sondern in einer mehrere Tage andauernden Neigung dazu, so bestehe das Wesen des Krieges nicht in tatsächlichen Kampfhandlungen, sondern in der bekannten Bereitschaft dazu während der ganzen Zeit, in der man des Gegenteils nicht sicher sein kann. „All other time is Peace"[28].

Die Bestimmung des Krieges als Kampfbereitschaft statt nur als Kampfhandlung und der Vergleich mit dem schlechten Wetter sind Vorstellungen, die in Schmitts „Begriff des Politischen" ihre Entsprechung haben. Auch hier kommt es nur auf die „reale Möglichkeit des Kampfes" an, „damit von Politik gesprochen werden kann" (a.a.O. S. 32). „Zum Begriff des Feindes gehört die im Bereich des Realen liegende Eventualität eines Kampfes . . . Es ist also keineswegs so, als wäre das politische Dasein nichts als blutiger Krieg und jede politische Handlung eine militärische Kampfhandlung, als würde ununterbrochen jedes Volk jedem anderen gegenüber fortwährend vor die Alternative Freund oder Feind gestellt, und könnte das politisch Richtige nicht gerade in der Vermeidung des Krieges liegen" (S. 33). Der Verfasser verwahrt sich dagegen, seine Definition des Politischen als bellizistisch oder militaristisch, imperialistisch oder pazifistisch zu klassifizieren. Er distanziert sich ausdrücklich von des jungen Erich Kaufmann früherer These, daß der siegreiche Krieg das soziale Ideal sei[29]. Der Krieg sei durchaus nicht Ziel und Zweck oder gar Inhalt der Politik, wohl aber

---

[26] Zitiert nach der Ausgabe der Philosophischen Bibliothek, herausgegeben von G. Gawlik, 2. Aufl. 1966, S. 186.
[27] Vgl. auch Leviathan, Kap. 18, 28.
[28] Leviathan, Kap. 13, in der Übersetzung von W. Euchner, S. 96.
[29] E. *Kaufmann*, Das Wesen des Völkerrechts und die clausula rebus sic stantibus, 1911, S. 146.

„die als reale Möglichkeit immer vorhandene *Voraussetzung*, die das menschliche Handeln und Denken in eigenartiger Weise bestimmt und dadurch ein spezifisch politisches Verhalten bewirkt" (34/35).

Aus seinem Begriffsmerkmal des Politischen folgert Carl Schmitt, auch noch in Übereinstimmung mit seinem ideellen Vorfahren, den Pluralismus der Staatenwelt. „Die politische Einheit setzt die reale Möglichkeit des Feindes und damit eine andere, koexistierende politische Einheit voraus." Deshalb gebe es, solange es überhaupt einen Staat auf der Erde gibt, immer mehrere Staaten, und es könne keinen die ganze Erde und die ganze Menschheit umfassenden Weltstaat geben. „Die politische Welt ist ein Pluriversum, kein Universum" (S. 54). Ein Weltstaat würde kein Staat sein und das Aufhören aller Politik bedeuten.

Aus dieser pessimistisch-naturalistischen Grundauffassung von den internationalen Beziehungen erklärt sich zum Teil Carl Schmitts kritische Einstellung zum Genfer Völkerbund, in dem er mehr ein Bündnis der ehemaligen Feindmächte als einen Bund der Völker sah, sowie seine Ablehnung der nach 1919 unternommenen Versuche, Krieg und Angriff völkerrechtlich zu bannen und abzuschaffen, in denen er eine unwahrhaftige Kriminalisierung und damit eine Vergiftung des Kampfes und eine Totalisierung der Feinschaft fand[30].

Als Völkerrechtler und Zeitgenosse des 20. Jahrhunderts hat Schmitt Phänomene und Probleme gesehen, die sich Hobbes noch nicht stellten. Dessen ungeachtet könnte man seine Stellungnahmen zu den zwischenstaatlichen Beziehungen schlicht als hobbesianisch bezeichnen, wenn er nicht als Jurist des jus publicum Europaeum weiter gedacht und konstruiert hätte. In seinen beiden völkerrechtlichen Hauptwerken „Völkerrechtliche Großraumordnung mit Interventionsverbot für raumfremde Mächte" (1939) und „Der Nomos der Erde im Völkerrecht des Jus Publicum Europaeum" (1950) hat er Prinzipien entwickelt, die — jenseits gewisser zeitgebundener und zeitbedingter Formulierungen und Nebengedanken — echte Ordnungsvorstellungen enthalten, mit denen er dem zwischenstaatlichen Naturzustand besser begegnen zu können meinte, als es der Universalismus des Völkerbundes vermochte. Statt Einmischung aller in alles, wie er den Grundgedanken der universalen Kollektivsicherheit verstand, plädierte er für eine Einteilung der Welt in Großräume, die unter der Führung von Großmächten und geprägt von

---

[30] Vgl. Die Kernfrage des Völkerbundes, 1926 und die Wendung zum diskriminierenden Kriegsbegriff, 1938.

ihren leitenden Ideen sich gegeneinander abgrenzen und unter dem Gebot der gegenseitigen Nichteinmischung stehen sollten.

IX. Ordnung als Raumordnung

Im "Nomos der Erde" ist aus diesem Leitgedanken eine umfassende und tiefdringende Geistesgeschichte des Völkerrechts geworden. Dies Buch kann unter zwei Gesichtspunkten mit dem Leviathan von Hobbes verglichen werden. Einmal insoweit, als es auch die Summe eines erheblichen Teils des Lebenswerkes des Verfassers enthält, wenn auch in anderer Systematik. Während Hobbes im Leviathan seine Lehre vom Menschen, vom Herrschaftsvertrag und vom Staat im gleichen Gedankenaufbau konzentrisch wiederholt, entwirft Schmitt im „Nomos" ein ganz neues historisch und geopolitisch begründetes Schema eigener Art, in dem er die Früchte früherer publizistischer Arbeit teils einsammelt, teils nur einstreut. Es ist daher ein Mißverständnis, wenn Peter Schneider versucht hat, das Gesamtwerk Carl Schmitts in den Rahmen der Ideen, Begriffe und Einteilungen dieses Buches aus dem letzten Drittel seiner Schaffensperiode zu zwängen[31]. Weder seine Staats- und Verfassungslehre noch seine Politologie sind in diesem primär völkerrechtlich gemeinten Spätwerk wirklich „summiert."

Zum anderen wollte aber Schmitt im „Nomos der Erde", ähnlich wie Hobbes im „Leviathan", eine Antwort auf die ewige Frage nach der Ordnung gesellschaftlicher Beziehungen geben, hat er eine wissenschaftliche Systematisierung und Anregungen für die praktische Ordnung der verwirrenden Fülle weltpolitischer Erscheinungen vorgelegt.

Diese Ordnung findet er in einem Gleichgewicht von politischen Großräumen, in denen die bis dahin souveränen Flächenstaaten aufgehen. Der von Hobbes als Ordnungsstifter vorgedachte und vorgeführte unbeschränkt souveräne Staat wird von Schmitt hier als Raumordnung aufgefaßt, als Flächenstaat apostrophiert und als historische Erscheinung der Periode vom 16. bis 20. Jahrhundert relativiert, die in einer neuen Raumordnung, dem neuen „Nomos der Erde" überwunden wird. Das Hauptverdienst der untergehenden Ordnung, der Periode des zwischenstaatlichen („inter-statalen") Völkerrechts, ist nach Schmitt die Hegung des Krieges. „Eine Einhegung, nicht die Abschaffung des Krieges war bisher der eigentliche Erfolg des Rechts, war bisher die einzige Leistung

---

[31] *Peter Schneider*, Ausnahmezustand und Norm, 1957.

des Völkerrechts" (a.a.O. S. 159). Sie gelang mit Hilfe des Staatsbegriffs, der die Anarchie des Feudalismus und den konfessionellen Bürgerkrieg überwandt. „Eine völkerrechtliche Ordnung, die auf der Grundlage der Liquidierung des Bürgerkrieges beruht und den Krieg umhegt, indem sie ihn in ein europäisches Staatenduell verwandelt, hat sich in der Tat als ein Reich relativer Vernunft legitimiert" (S. 114).

Hegung statt (unmöglicher) Abschaffung des Krieges ist ein Gedanke aus dem Geist des Thomas Hobbes. So wie dieser im Kampf der konfessionellen Wahrheitsansprüche mit ihrer Rechthaberei den Grund für die Erbitterung und Vergiftung innenpolitischer Auseinandersetzungen und schließlich für den Bürgerkrieg sah, findet Carl Schmitt in den verschiedenen Theorien vom gerechten Krieg, in der Kriminalisierung des Angreifers ebensoviele Motive für die Totalisierung des internationalen Krieges und die Verabsolutierung der Feindschaft. Die Enttheologisierung des Rechts erscheint beiden als ein Fortschritt zur Vernunft. Der von Schmitt als wesentliche Voraussetzung der Humanisierung des Krieges angesprochene Begriff des justus hostis, des dem anderen gleichberechtigt gegenübertretenden kriegführenden Staates, entspricht ganz dem Geist hobbesischer Staatsauffassung, obwohl Schmitt sich dabei weniger auf diese als auf die Völkerrechtsklassiker der gleichen Periode (Ayala, Gentilis, Grotius, Zouch, Pufendorf, Bynkershoek, Vattel) beruft. Für Hobbes endete die Befriedungsfunktion des modernen Staates an seinen Grenzen, für Schmitt begann dort die den Krieg hegende und humanisierende Funktion des neuzeitlichen, des „klassischen" Völkerrechts als inter-statalen Rechts.

Diese Verwandtschaft in der Grundeinstellung, die sich in den unausgesprochenen ideellen Beziehungen des „Nomos der Erde" zum „Leviathan" zeigt, ist natürlich wesentlicher als einzelne Zitate des Hobbes, die sich darin finden. So verweist Schmitt in seinem Abschnitt über die „Freundschaftslinien" (amity lines) des 17. Jahrhunderts auf die Lehre vom Naturzustand in der Staatskonstruktion des Thomas Hobbes. In der Ausgrenzung eines außereuropäischen Raumes freier und rücksichtsloser Gewaltanwendung jenseits einer „Freundschaftslinie", die zwischen christlichen Fürsten vereinbart wurde, sieht Schmitt die praktische und zugleich lokalisierte (verortete) Anwendung der Lehre vom Naturzustand. Das „homo homini lupus" habe in der Tatsache dieser Linien einen konkreten Sinn erhalten und sei „geortet" worden. Hobbes selbst habe seinen Naturzustand nicht als raumlose Utopie, als Nirgendwo gemeint, sondern ihn unter anderem in der „Neuen Welt", bei den Bewohnern Amerikas lokalisiert (Nomos, S. 64/5).

Auf diese Gedankenparallelen und Bezugnahmen beschränkt sich indes das hobbesische Element im „Nomos der Erde". Dieser Begriff selbst und seine Intention sind eine ureigene Erfindung Carl Schmitts, die von Hobbes ebensoweit entfernt ist wie von der landläufigen Rechtswissenschaft einschließlich des Völkerrechts. Es handelt sich um einen schillernden, hybriden Begriff, um „ein im Halbdunkel schimmerndes Gedankengebilde aus Mythos, Geometrie, Soziologie, Geschichte, Geopolitik und Jurisprudenz", wie 1953 in einer Kritik vom Standpunkt der Wissenschaft des positiven, systematischen Völkerrechts, vielleicht etwas überspitzt, gesagt wurde[32].

Carl Schmitt selbst definiert an einer Stelle (S. 40): „Nomos ist das den Grund und Boden der Erde in einer bestimmten Ordnung einteilende und verortende Maß und die damit gegebene Gestalt der politischen, sozialen und religiösen Ordnung. Maß, Ordnung und Gestalt bilden hier eine raumhaft konkrete Einheit. In der Landnahme, in der Gründung einer Stadt oder einer Kolonie wird der Nomos sichtbar, mit dem ein Stamm oder eine Gefolgschaft oder ein Volk seßhaft wird, d. h. sich geschichtlich verortet und ein Stück Erde zum Kraftfeld einer Ordnung erhebt." Begriffe wie Raumordnung, Raumstruktur, Flächenstaat, Verortung, Entortung, Landnahme und Seenahme sind bezeichnend für die Geojurisprudenz, in der Carl Schmitts Völkerrechtsdenken seinen letzten „Topos" fand. Entscheidend ist für ihn der Zusammenhang von Ordnung und Ortung, in dem das Recht seine Einheit hat: „Alles Recht ist Recht nur am rechten Ort" (S. 67).

Der erdbezogene „Nomos" hat für seinen Erfinder eine ähnliche systematische Bedeutung wie die Grundnorm für die Vertreter der reinen Rechtslehre, wie das elementare Naturrecht für Naturrechtler christlicher oder liberaler Richtung, wie der Volksgeist für die historische Rechtsschule. Im Nomos treffen Recht, Geschichte und Raum zusammen. Er ist grundlegend für die politischen Dezisionen und für das Verhältnis von Schutz und Gehorsam. Er ist ebenso anti-positivistisch konzipiert wie das naturrechtliche, ebenso geschichtlich wie das historische Rechtsdenken. Indem Schmitt seinen grundlegenden Begriff auf seine etymologische Wurzel zurückführt („Nehmen, Teilen, Weiden"), ver-

---

[32] *H. Rumpf*, Der „Nomos der Erde" und der Geist des Völkerrechts, Archiv des Völkerrechts, 4. Bd. 1953, S. 189—197 (196).

wirft er die geläufige Übersetzung mit „Gesetz", die ihm als Degeneration erscheint (S. 39—43).

In dem Versuch, aus der Völkerrechtsgeschichte ein Völkerrechtssystem zu machen, liegt die Originalität aber auch die theoretische und praktische Problematik dieses Buches. Dabei ergibt sich aus der geojuristischen und geopolitischen Betrachtungsweise eine ganz eigenartige Einteilung der Völkerrechtsgeschichte. Grundlage ihrer Periodisierung ist nicht der Ablauf politischer Ereignisse, das Werden und Vergehen von Reichen und Dynastien, der Kreislauf der Ideen und Werte, die Dialektik der sozialen Strukturen, sondern die Erweiterung des Raumbewußtseins der Menschheit. Die auch in der Völkerrechtsgeschichte üblichen Epochen: Altertum, Mittelalter, Neuzeit bis zum Westfälischen Frieden, Zeit des europäischen Völkerrechts (1648—1815), Ausdehnung des europäischen Völkerrechts über die Erde werden ebenso wie die sie kennzeichnenden Reichs- und Staatsbildungen und die Zeiträume der Geistesgeschichte umfaßt und fundiert von Perioden des Raumbewußtseins. „Jahrtausendelang hatte die Menschheit wohl ein mythisches Bild, aber keine wissenschaftliche Erfahrung von der Erde im Ganzen. Es gab keine Vorstellung eines Planeten, der von menschlicher Messung und Ortung erfaßt und allen Menschen und Völkern gemeinsam war. Es fehlte jedes in diesem Sinne globale Bewußtsein und daher auch jedes auf das gemeinsame Gestirn gerichtete politische Ziel. Ebensowenig konnte es ein erd- und menschheitsumfassendes jus gentium geben" (S. 20). Die entscheidende Wende ist die „Landnahme einer neuen Welt" im Zeitalter der Entdeckungen. Die Zeiten davor nennt Carl Schmitt „vor-global", danach wird das Raumbewußtsein „global". Erst durch die Globalisierung des menschlichen Raumbewußtseins entsteht das eigentliche Völkerrecht, dessen klassische Zeit durch das Verhältnis von Land und Meer charakterisiert ist. Dem Raumbewußtsein entsprechen politische und rechtliche Raumstrukturen mit ihrem je eigenen Nomos, der ihre rechtlich-politische Ideologie enthält, die dem Völkerrecht der betreffenden Epoche ihren Charakter gibt. Zum globalen Völkerrecht der Periode nach der völligen Entdeckung und Vermessung der Erde gehört ein Nomos, der im gleichberechtigten Nebeneinander souveräner Territorialstaaten und im Gegensatz der Ordnungen auf dem Lande und auf dem Meer besteht und der den gehegten Krieg mit justi hostes unter Überwindung der rechthaberischen Rechtfertigungen (justa causa) und Diskriminierungen der Kriegführenden hervorgebracht hat. Dieser Nomos ist inzwischen untergegangen. Die neue Raumstruktur wird durch die technische Eroberung des Luftraums, die neue Sozialstruktur durch die industrielle Revolution und Technologie, das neue Völkerrecht durch universale Tendenzen und Entortungen des Rechts, durch die Rückwendung zum diskriminierenden Kriegsbegriff bestimmt. Parallel zur Steigerung der Vernichtungsmittel geht die Verteufelung des Gegners, durch die deren Anwendung gerechtfertigt werden muß (S. 298/9).

Im Zwielicht des untergehenden Nomos der in Land und Meer, zwischen Landmächten und Seemächten aufgeteilten Erde taucht wieder der agonale Naturzustand der internationalen Beziehungen auf. Der neue Nomos ist für Carl Schmitt noch eine Frage. Doch deutet er die Elemente an, die ihn konstituieren sollen: ein neues Raumgleichgewicht und neue Freundschaftslinien. Während in dem ersteren Gedanken die Absage an das Postulat des Weltstaats mit einer Weltpolizei liegt, kommt in der Erwartung neuer Freundschaftslinien die Vorstellung zum Ausdruck, daß sich ein Raum leichter befrieden läßt, wenn zu seiner Entlastung andere Gebiete als Räume freier Entfaltung oder als Kampfräume ausgegrenzt werden. Diese Entlastungsfunktion hatte zur Zeit des klassischen Völkerrechts das freie Meer, ihr dienten auch die im 16. Jahrhundert zwischen europäischen Fürsten vereinbarten Linien, jenseits derer das europäische Völkerrecht nicht mehr gelten sollte.

Im „Nomos der Erde" hat Carl Schmitt, auch darin dem „Leviathan" von Thomas Hobbes vergleichbar, ein auf die Ordnung zwischenmenschlicher, hier zwischenstaatlicher, Beziehungen abzielendes Gedankensystem unter das Zeichen eines Mythus gestellt. Indem er seine politische Ordnungsidee als Grundlegung des Rechts schlechthin darstellte und sie dadurch zu objektivieren versuchte, zwang er eine tiefe und vielseitige Ideengeschichte des Völkerrechts in ein Schema, das sie nicht wahrhaft auszudeuten vermag.

Das geopolitische Motiv und die Grundkonzeption des „Nomos der Erde" wiederholen sich, ohne die rechtsgeschichtlichen Ausführungen, in der kleinen, aber gewichtigen und zugleich eleganten Schrift „Land und Meer, eine weltgeschichtliche Betrachtung" (Reclams Universalbibliothek Nr. 7536, 2. Aufl. 1954). Die Weltgeschichte wird darin als „eine Geschichte des Kampfes von Seemächten gegen Landmächte und von Landmächten gegen Seemächte" gesehen (S. 8). Auf Hobbes finden sich nur Anspielungen, die das Symbol des Leviathan betreffen. Um so wesentlicher ist es dem Verfasser, seine Gedanken über die „Raumrevolution" in gemeinverständlicher Weise darzulegen, unter der er den Wandel des Raumbewußtseins, der Raumvorstellung der Menschen und Völker und seiner Auswirkungen auf Politik, Recht, Kunst und Wirtschaft versteht. Der „Wandel des Raumbildes" ist ihm „der eigentliche Kern des umfassenden politischen, wirtschaftlichen und kulturellen Wandels, der sich dann vollzieht" (S. 32). Raum aber ist ihm „ein Kraftfeld menschlicher Energie, Aktivität und Leistung geworden" (S. 62). Die Schrift endet mit einer Verheißung:

„Auch in dem erbitterten Ringen alter und neuer Kräfte entstehen gerechte Maße und bilden sich sinnvolle Proportionen" (S. 63). Welchem Ideenreich die gerechten Maße entnommen werden, worin sie bestehen, und welche Proportionen sinnvoll sind, bleibt jedoch ungesagt.

X. Theorie des Partisanen

Weniger als Konstrukteur und Wahrsager, denn als Analytiker und Diagnostiker zeigt sich Carl Schmitt in seinem letzten größeren literarischen Wurf, der „Theorie des Partisanen", die im Untertitel „Zwischenbemerkung zum Begriff des Politischen" heißt (1963). Da ihr Thema „unvermeidlich in das Problem der Unterscheidung von Freund und Feind einmündet" (Vorwort), ergibt sich auch hier wieder die Beziehung zur Theorie des Thomas Hobbes. Sie ergibt sich von der Sache her, von der gemeinsamen Erkenntnis des kämpferischen Naturzustandes politischer Beziehungen. Sie besteht unabhängig davon, daß der spezielle Gegenstand des Themas zur Zeit des Hobbes noch nicht existierte, und daß Hobbes nur einmal, am Ende dieser Schrift (S. 95), zitiert wird. Die Bemerkung, mit der er angeführt wird, betrifft denn auch nicht den Kern des von Schmitt erhellten Phänomens, keines seiner vier Kriterien des Partisanen, sondern seine Schlußbetrachtung über die Bedeutung der technisch-industriellen Waffenentwicklung. Carl Schmitt verwertet hier die hobbesische Feststellung, daß der Mensch andern Menschen, von denen er sich gefährdet glaubt, um ebensoviel gefährlicher ist als jedes Tier, wie die Waffen des Menschen gefährlicher sind als die natürlichen Waffen des Tieres, seine Zähne, Pranken, Hörner oder Gift[33].

Die „Theorie des Partisanen", ein zugleich historischer und systematischer Abriß eines der brisantesten und symptomatischsten politischen Phönomene der Gegenwart, liefert auch den Beweis für die Aktualität der

---

[33] Vgl. De Homine, X, 3, deutsche Ausgabe der Philosophischen Bibliothek, Vom Menschen, Vom Bürger, S. 17: Die Waffen der Menschen übertreffen die Waffen der Tiere. Vgl. dazu Abschnitt XV dieser Abhandlung.

schmitt-hobbesischen Auffassung von Politik. Jenseits aller gesinnungs-
treuen Verherrlichung des „antifaschistischen" oder „antikommunisti-
schen" „Widerstandskämpfers", der jeweils Bewunderung und Denkmale
nur von seinen Freunden erhält, hat Carl Schmitt den Partisan als weltgeschichtliche Erscheinung begriffen und sich damit „als einzig erreich-
barer Autor" ausgewiesen, „der sich kompetent zum Thema geäußert
hat", wie Joachim Schickel, ein deutscher „Maoist" sagte[34].

Als Ausgangslage für seine Theorie wählt der Autor den Kleinkrieg
der Spanier gegen die napoleonisch-französische Besetzung von 1808 bis
1813. „Dadurch öffneten sich neue Räume des Krieges, entwickelten sich
neue Begriffe der Kriegführung und entstand eine neue Lehre von Krieg
und Politik" (S. 11). Von da spannt er den Bogen zum Partisanenkrieg
des zweiten Weltkriegs und zu den Untergrundbewegungen in Algier
und Indochina (HoChiMin und Vietkong), in Zypern, Malaya und Cuba.
Die Guerrillas in Tirol und Rußland gegen Napoleon und die Frank-
tireure in Frankreich 1870/71 und in Belgien 1914 werden als weitere
Beispiele herangezogen. Neben den geschichtlichen Ereignissen dienen literarische Zeugnisse und juristische Dokumente der Theorie des Partisanen als Material. Clausewitz, Lenin und Mao Tsetung sind die großen
Lehrmeister des Guerrilla-Krieges, auf die Schmitts Theorie zurückgreift.
Das preußische Landsturmedikt von 1813, die allgemeinen Richtlinien für
die Partisanenbekämpfung der deutschen Wehrmacht vom 6. Mai 1944,
die Genfer Konventionen von 1949 und die schweizerische „Kleinkriegs-
anleitung für jedermann", herausgegeben vom schweizerischen Unteroffi-
ziersverband unter dem Titel „Der totale Widerstand" (3. Aufl. Biel
1966), das sind die Dokumente. Mit sowohl völkerrechtlicher als auch
soziologisch-politologischer und historischer Argumentation wird aus der
Fülle des Stoffes eine Theorie erarbeitet, die diesen Namen verdient,
mögen auch die Ausführungen stellenweise essayistisch oder gar apho-
ristisch bleiben.

Der Begriff des Partisanen wird durch vier Kriterien bezeichnet:
Irregularität, gesteigerte Mobilität, Intensität des politischen Engage-
ments und tellurischer Charakter (Bodenverbundenheit)[35]. Für die juri-

---

[34] Vgl. *Carl Schmitt* und *Joachim Schickel*, Gespräch über den Partisanen, in Gueril-
leros, Partisanen-Theorie und Praxis, herausg. von J. Schickel, Reihe Hanser 42, 1970,
S. 9. Daneben nimmt sich *H. Ridders* Verhöhnung Carl Schmitts als „juristischer und
staatstheoretischer Starpartisan" gegen die rechtsstaatliche Demokratie, wie Ridder sie
versteht, reichlich polemisch aus (vgl. Festschrift für W. Abendroth, 1968, S. 309). Vgl.
auch *Rolf Schroers*, Der Partisan, 1961.
[35] a.a.O., S. 20—28, dazu das „Gespräch über den Partisanen" von 1969, a.a.O., S.

stische Beurteilung ist das Wesentliche, daß der Partisan irregulär kämpft, ohne die völkerrechtlich vorgeschriebenen Formen und Erkennungszeichen, unter Mißachtung der Regeln des Landkriegs, und somit außerhalb der Hegung des Krieges steht. Sozio- und politologisch sind die anderen drei Kriterien wesentlicher, wobei in unserm Zusammenhang das politische Engagement besondere Aufmerksamkeit verdient. Es kommt schon in der ursprünglichen Wortbedeutung von Partisan = Parteigänger zum Ausdruck. „Der Partisan ist derjenige, der hundertprozentig Partei ergriffen hat", sagt Carl Schmitt im „Gespräch" mit Joachim Schickel (a.a.O. S. 23). Es ist gut zu verstehen, daß sich die Gestalt des Partisanen besonders eignet, die Theorie der Politik als Unterscheidung von Freund und Feind fortzuführen und dabei bestätigt zu sehen. Der Name „verweist auf die kriegführende oder politisch tätige Partei oder Gruppe. Derartige Bindungen an eine Partei werden in revolutionären Zeiten besonders stark" (Th. d. P. S. 27). Die Beziehung zur Theorie der Revolution knüpft Schmitt mit seiner Unterscheidung zwischen dem bodenverbundenen (autochthonen) oder „klassischen" Partisanen nationaler Unabhängigkeitskriege und dem revolutionären Untergrundkämpfer, der für die Zertrümmerung sozialer Strukturen kämpft und „zu einem manipulierten Werkzeug weltrevolutionärer Aggressivität" wird (S. 77).

Der Partisanenkampf ist eine Form der Betätigung von Feindschaft, die neben den konventionellen Krieg regulärer Armeen getreten ist, durch den drohenden Atomkrieg nicht ausgeschaltet, durch das atomare Patt im Gegenteil sogar begünstigt worden ist. Das gibt Schmitt die Möglichkeit, den Typen des Partisanen entsprechende Kategorien der Feindschaft gegenüberzustellen und so seine Theorie der Politik fortzuentwickeln. Denn Feindschaft ist in der Theorie des Krieges der primäre Begriff, die Hegung des Krieges nur sinnvoll, wenn eine Relativierung der Feindschaft vorangegangen ist. So gelangt die Theorie des Partisanen zu einer unheilvollen Reihe der Steigerungen in der Betätigung der Feindschaft: dem gehegten konventionellen Krieg entspricht die konventionelle Feindschaft, ein rechtlicher Status, der nur bestimmte rechtlich erlaubte Kampfesweisen kennt und Kombattanten und Nichtkombattanten streng auseinander hält. Zum Kampf des autochthonen Partisanen gehört der „wirkliche Feind" (für Clausewitz und York war es Napoleon anstelle des offiziellen Feindes Russland), denn „er verteidigt ein Stück Erde". Erst im Weltbürgerkrieg der totalitären Partei entsteht

---

9—29, das nach den 4 Merkmalen gegliedert ist, und *H. U. Scupin*, Der Staat, Bd. 5, 1966, S. 245—250 (Rezension).

absolute Feindschaft, stellt sich der revolutionäre Partisan einen total zu vernichtenden „absoluten Feind", den Klassenfeind, vor (S. 91—96). „Erst die Ableugnung der wirklichen Feindschaft macht die Bahn frei für das Vernichtungswerk einer absoluten Feindschaft" (S. 96)[36].

XI. Differenzierung der Feindschaft

Im „Begriff des Politischen" unterscheidet der Verfasser den öffentlichen Feind (hostis) vom privaten Gegner (inimicus) und vom wirtschaftlichen Konkurrenten. Daß in seiner Lehre der Begriff des Feindes die zentrale Funktion habe und der „Freund" daneben völlig verblasse, ist ein seit Strauß' „Anmerkungen" von 1932 oft gehörter Vorwurf. Er wird durch die Partisanentheorie keineswegs widerlegt, sondern noch bestätigt. Bestätigt wird darin auch der Eindruck, daß „Feind" und „Feindschaft" für Schmitt viel wesentlicher sind als für Hobbes, der diese Begriffe eher beiläufig und akzidentell gebrauchte. Schließlich ist trotz der weitergehenden Differenzierung — privater, öffentlicher, konventioneller, wirklicher, absoluter Feind- —, die der Begriff in der jüngsten Entwicklung erfahren hat, seine schillernde Unbestimmtheit nicht verschwunden. Einer einleuchtenden, realistischen Bestimmung des Feindes, wie z. B. als desjenigen, der einer politischen Gruppe, einem Volk oder Staat, ernsten Schaden an der Existenz und am Wohlergehen zufügt, sie bedroht und wesensmäßig verneint, weicht Schmitt auch in der Partisanentheorie aus und behilft sich mit einem philosophischen Ausspruch: „Der Feind ist unsere eigene Frage als Gestalt" (S. 87). Für Hobbes bedurfte es keiner Begriffsbestimmung des Feindes, da dessen Wesen sich aus der von ihm im Naturzustand vorausgesetzten gegenseitigen Gefährdung und Konkurrenz aller um alles ergab. Auch er unterstellt ein pessimistisches Menschenbild, da „alle echten politischen Theorien den Menschen als „böse" voraussetzen, d. h. als keineswegs unproblematisches, sondern als „gefährliches" und dynamisches Wesen betrachten" (B. d. Pol. S. 61) —.

Zur Problematik des Menschen gehört für Hobbes wie für Schmitt auch seine natürliche Neigung, Gut und Böse nach seinen Vorlieben und Interessen, die Wahrheit nach subjektivem Meinen zu bestimmen, so daß

[36] Vgl. *Georg Schwab*, Enemy or Foe: Der Konflikt der modernen Politik, Epirrhosis, 1968, S. 665—682; *Piet Tommissen*, Über Carl Schmitts Theorie des Partisanen, ebenda, S. 709—725.

Frieden und Ordnung nur durch die Dezision einer überlegenen Macht entstehen können. Bei Schmitt kehrt dieser Relativismus in seiner Lehre vom polemischen, situationsbezogenen Sinn aller politischen Begriffe wieder[37].

Die Wissenschaft von der Politik wäre berufen, den Feindbegriff theoretisch zu klären und Carl Schmitts Gedanken weiterzuführen und evtl. zu berichtigen. Eine rechtswissenschaftliche Erörterung führt nicht tiefer, denn das Recht kann „Feind" und „Feindschaft" nur als genormte Personen und Tatbestände zur Grundlage für Rechtsfolgen nehmen. Was C. S. 1963 den „konventionellen Feind" nennt, ist der Rechtsbegriff des Feindes, eines Rechtssubjektes, das auf Grund des Kriegsvölkerrechtes und der staatlichen Gesetzgebung einen bestimmten rechtlichen Status erhält. Feind im Rechtssinn ist der kriegführende und bekriegte Staat und seine kämpfenden und nicht kämpfenden Angehörigen, deren Bekämpfung „im Felde" vom Völkerrecht in Schranken gehalten, „gehegt" wird, und deren Güter, Rechte und Interessen von der anderen kriegführenden Partei nur auf Grund des Land- und Seekriegsrechts und besonderer staatlicher Rechtsnormen, wie sie die angelsächsischen Länder mit den „trading with the enemy acts" in Kriegszeiten erlassen haben, angegriffen, entzogen oder suspendiert werden. Auch Staatsschutzgesetze beziehen sich, ausdrücklich oder sinngemäß, auf einen rechtlichen Feindbegriff: den Staats-, Verfassungs-, oder Volksfeind, je nach Ideologie und Terminologie. In Staaten, die sich den Menschenrechten verpflichtet wissen, kann ein Mensch nur für staats- und gemeinschaftsschädigendes Verhalten, nicht für seine andersartige Existenz, als Staatsfeind behandelt werden.

Wesen und Motive der Feindschaft und die Gründe einer konkreten Feinderklärung lassen sich mit juristischen Mitteln nicht mehr über den Beschluß des Gesetzgebers oder der zum Kriege schreitenden Regierung hinaus erhellen. Hier können nur Soziologie und Politologie weiterhelfen. Diese Erkenntnis kann man auch in Carl Schmitts Unterscheidung von konventionellem, wirklichem und absolutem Feind vermuten. Es ist seltsam, aber es liegt wohl am Stoff: der so scharf umrissene, so streng zugeschnittene Begriff des Politischen dreht sich letztlich um einen Feindbegriff, der unbestimmt bleibt. Er ist aber auch durch ethisierende Begriffe der Politik wissenschaftlich nicht zu widerlegen, die nach dem

---

[37] Vgl. Politische Theologie, 2. Ausgabe, 1934, S. 49 ff., Begriff des Politischen, a.a.O., S. 31.

Motto gebildet werden: Politik wird nur die gute, wahre, gerechte, friedliche Politik genannt[37a].

XII. Die Frage der Aktualisierung

Wenn auch die Geschichte des Ruhmes von Carl Schmitt im Vergleich zu der von Thomas Hobbes noch sehr kurz und die um sein Werk entstandene Sekundärliteratur längst nicht so umfangreich ist, übt doch seine Gedankenwelt grade in dieser Zeit kaum eine geringere Faszination aus als die des Engländers des 17. Jahrhunderts. Beide verdanken diese Nachfrage nicht zuletzt dem gemeinsamen Ruf, Theoretiker der Macht und des staatlichen Absolutismus zu sein. Solche Lehren erscheinen nicht nur „konservativen" sondern erst recht „liberalen" und „progressiven" Köpfen und Zeitläuften „interessant", den einen vielleicht des Kontrastes, den anderen einer untergründigen Geistesverwandschaft wegen, beiden zur Ergänzung des eigenen politischen Weltbildes. Realistische politische Denker bewähren immer wieder ihre Anziehungskraft.

Damit stellt sich die Frage der Aktualisierung ihrer Lehren. Was Hobbes betrifft, ist diese Frage allgemein zugelassen und wird vielerorts diskutiert, wozu schon sein nachhaltiger Ruhm in der Englisch sprechenden Welt beiträgt, die von Carl Schmitt lange fast keine Kenntnis genommen hatte[38]. Zur Akutalisierung eines politischen Denkers gehört in der neueren Sekundärliteratur auch seine Ideologisierung und seine Historisierung: man sucht nach den weltanschaulichen und philosophischen Grundlagen seiner politischen Erkenntnisse, nach ihrem sozialen Bezugssystem und ihrem geschichtlichen Standort. Diese Betrachtungsweise muß bei Hobbes schon deswegen anders ansetzen als bei Schmitt, weil jener als Philosoph, dieser als Jurist das Feld der Politik betrat, jener mit mathematisch-naturwissenschaftlicher, dieser mit rechtswissenschaftlicher Methode arbeitete, weil sie nicht nur von verschiedenen akademischen Disziplinen sondern auch von verschiedenen religiösen Ausgangsbasen herkamen, jener als Protestant, dieser als Katholik.

Die Akutalisierung von Hobbes ist in den vergangenen 40 Jahren wiederholt versucht worden, auf seine Weise auch von Carl Schmitt. Die Versuchung lag nahe, ihn zum Kronzeugen für oder gegen den faschisti-

---

[37a] Vgl. den „Anti-Schmitt" von *Dolf Sternberger,* Begriff des Politischen. — Der Friede als der Grund und das Merkmal und die Norm des Politischen, 1961.

[38] Vgl. neuerdings *George Schwab,* The Challenge of the Exception, An Introduction to the Political Ideas of Carl Schmitt between 1921 and 1936, Berlin 1970.

schen und nationalsozialistischen Staat aufzurufen oder ihn mit einer intellektuellen Verantwortung für wegbereitende Theorien zu belasten. Wohl konnte Hobbes von keinem ernst zu nehmenden Geisteshistoriker oder Interpreten als echter Vorläufer oder Wegbereiter des Nationalsozialismus oder Faschismus beansprucht oder angeprangert werden. Soweit man sein Zeugnis zur Rechtfertigung oder zur Belastung aufrief, zitierte man ihn wie einen Sachverständigen für totalitäre Staatskonstruktion oder wie den Erfinder eines abstrakten Modells, an dem es zu bewundern aber auch auszusetzen gab.

Die in diesem Jahrhundert zu beobachtende Hobbes-Renaissance fällt nicht von ungefähr mit der Entstehung der autoritären und totalitären Staaten in Europa zusammen. Es war ein französischer Sozialphilosoph, *Joseph Vialatoux*, der 1935 die erste größere Abhandlung schrieb, in der Hobbes Staatslehre warnend als „théorie de l'état totalitaire" dargestellt wurde. Mit dieser Arbeit wurden auch die politisch interessierten akademischen Leser Frankreichs seit Jahrzehnten erstmals wieder auf diesen englischen Staatsphilosophen hingewiesen, von dessen „Leviathan" es noch 1963 keine vollständige französische Übersetzung gab. Vialatoux, der seine Kritik vom Standpunkt der katholischen Sozialphilosophie auf thomistischer Grundlage vorträgt, führt Hobbes' politische Lehre auf seinen naturwissenschaftlichen „Naturalismus", sein psychologisch-realistisches Menschenbild, mithin auf den Abfall vom idealistischen Menschenbild der Scholastik zurück. Im Vorwort zur Neuausgabe von 1952 verwahrt sich Vialatoux gegen den Vorwurf, Hobbes' Lehre als „une inspiratrice des régimes totalitaires" des 20. Jahrhunderts und den Leviathan als Vorfahren dieser Systeme hingestellt zu haben. „Hobbes n'est pas un „ancêtre" de nos Etats totalitaires concrets. Mais il est, chose bien différente, le *théoricien* abstrait du totalitarisme étatique, et le théoricien sans doute le plus pur et le plus logique qui se puisse rencontrer . . ."[39] Den gemeinsamen geistigen Grund, auf dem das theoretische System von Thomas Hobbes und die konkreten totalitären Systeme der Gegenwart beruhen, findet Vialatoux in einem materialistisch-mechanistischen Naturbegriff, aus dem sich sowohl die liberal-individualistischen als auch die sozialistisch-kollektivistischen Lehren und Praktiken ableiten lassen. „Hobbes a authentifié le totalitarisme pur en le réduisant en naturalisme pur, c'est à-dire en réduisant tous les sens du mot *nature* au sens que lui donne la physique . . ." (a.a.O., p. IX). Der eigentliche Gegensatz (le vrai débat) bestehe nicht zwischen Indi-

---

[39] *J. Vialatoux*, La Cité totalitaire de Hobbes, 1952, p. VI, Sperrung im Original.

vidualismus und Kollektivismus (sociologisme), die beide einem rein bio-psycho-soziologischen und entgeistigten Menschenbild entsprangen, sondern zwischen diesem und einem christlichen Personalismus, der den Menschen auf die Transzendenz hinordnet und ihn in eine ideal-natürliche Gesellschaftsordnung eingefügt sieht. Nachdem er den Menschen seiner spiritualen übernatürlichen Dimension beraubt hatte, konnte und mußte Hobbes in der allmächtigen Staatsgewalt das einzige Mittel sehen, ihn zu bändigen. Darin findet Vialatoux die Lehre aus der Lehre des Thomas Hobbes (la leçon de Hobbes, a.a.O. S. 177 ff). Vom totalitären „Naturalismus", das reinste, vollständigste und getreueste Muster geliefert zu haben, sieht er als sein eigentliches Verdienst an. „La méconnaissance de la *personne,* dont la finalité spirituelle orienterait communément la vie de l'individu et celle de la société, ne laisse qu'à choisir entre la souveraineté absolue de celui-ci et la souveraineté absolue de celle-là. Individualisme ou sociologisme: tels sont les deux seuls termes de l'alternative, dans une conception naturaliste de l'humanité" (a.a.O. p. 179). Liberalismus und Sozialismus könnten sich beide auf Hobbes berufen, da sich beide auf den positivistischen Soziologismus gründen (p. 182—185).

Wegen ihrer spezifischen ideologischen Voraussetzungen hat die Hobbes-Kritik von Vialatoux wenig Widerhall oder Nachfolge gefunden. Sie ist der auf den „Leviathan" konzentrierte Ausdruck der geistesgeschichtlichen Kritik einer bestimmten, heute fast verstummten Schule der katholischen Sozialphilosophie, die im Liberalismus und im Kollektivismus des 20. Jahrhunderts zwei Folgen einer Ursache erblickt: des Verlusts der (christlich-humanitären) Mitte, der Säkularisierung des Denkens, des Abfalls vom Glauben und von der Metaphysik[40].

Auch Schriftstellern ganz anderer geistiger und ideologischer Herkunft erschien Hobbes als Vertreter des totalen Staates. Helmut Schelsky meinte 1937, „daß man von einer Totalität des Staates bei Hobbes sprechen kann"[41]. Diese Feststellung war nicht wie bei Vialatoux als Warnung ausgesprochen, auch nicht als Apologie des totalen Staates, sondern als Versuch, Hobbes vor einseitigen Auslegungen von katholischer wie von liberaler Seite in Schutz zu nehmen. Nach Schelsky kann

---

[40] Aus der gleichen Grundauffassung sind z. B. zu verstehen: *Max Picard,* Hitler in uns selbst, 1945 (eine kulturphilosophische Zeitkritik), und *Hans Sedlmayr,* Verlust der Mitte, Die bildende Kunst des 19. u. 20. Jhdt. als Symptom und Symbol der Zeit, 1948.
[41] *H. Schelsky,* Die Totalität des Staates bei Hobbes, Archiv für Rechts- und Sozialphilosophie XXXI. Bd. 1937/38, S. 176—193.

„ein philosophisches Denken, das ohne Vorbehalte den Primat des Politischen anerkennt, wie es im konsequent durchdachten Begriff einer Totalität des Staates liegt, ... niemals im tiefsten individualistisch, rationalistisch und mechanistisch sein. Und Hobbes ist dies auch nicht." (S. 177) Schelsky kommt es weniger auf die Konstruktion des hobbesischen Denkens als auf die von ihm gesehene Wirklichkeit an. Für ihn ist Hobbes ein Lehrer der politischen Tat, der den Menschen als ein schaffendes Wesen gezeigt hat, dessen Vernunft ihm als Beraterin beim Handeln dient. Der Mensch ist nach Hobbes in der damaligen Erläuterung von Schelsky „darauf angewiesen, sich durch Herrschaft, durch Befehlen staatlichen Frieden und politische Zucht zu geben. Deutlicher kann kaum der Primat des Politischen bereits im Bilde des Menschen entwickelt werden ..." (S. 185). Die Grundlage der gesamten politischen und ethischen Lehre des Thomas Hobbes formulierte Schelsky in dem Satz: „Der Mensch ist von Natur weder gut noch böse, sondern mächtig. Macht ist seine Natur" (S. 186). Hobbes als Künder des Primats der politischen Tat war damals gewiß eine originelle und hintergründig zeitgemäße Auffassung, die zudem eine Erörterung des Problems des Totalitarismus, wie es liberale und katholische Staatstheoretiker sahen, ersparte. Das Stichwort vom Menschen als politisch handelndem Wesen, der im Mittelpunkt des hobbesischen Systems steht, wurde jüngst von B. Willms in der gelehrteren, aber auch farbloseren Wendung vom „poietischen Subjektivismus" wieder aufgenommen (Die Antwort des Leviathan, 1970, S. 30, 79 ff).

Als Lehrer einer Wissenschaft, nicht nur einer Theorie, von der totalen politischen Macht ist Hobbes 1963 von einem jüngeren französischen Juristen und Politologen vorgeführt worden: *Jacques Mourgeon*, La science du pouvoir totalitaire dans le Leviathan de Hobbes[42]. Ähnlich wie Vialatoux, aber ohne dessen weltanschauliche Stellungnahmen, zeigt Mourgeon im „Leviathan" die Methodik politischer Herrschaft, wobei er ausführt, warum Hobbes nicht nur den autoritären sondern geradezu den totalitären Staat wissenschaftlich auf der Grundlage von Rationalismus und Materialismus entwickelt und begründet habe. Wie Schelsky und ein anderer französischer Hobbes-Interpret, *Raymond Polin*[42a], sieht Mourgeon die Politik als das beherrschende Thema und die politische Aktion als den Kern der hobbesischen Philosophie an: „pas de bonheur sans Etat, pas d'Etat sans Pouvoir, mais pas de Pouvoir sans une science

---

[42] Annales de la Faculté de Droit de Toulouse, Tome XI, 1963, S. 281—417.

[42a] *Raymond Polin*, Politique et Philosophie chez Thomas Hobbes, Paris, 1953.

qui lui serve d'appui en «montrant aux hommes la relation réciproque entre la protection et l'obéissance»" (loc. cit. p. 325). Obwohl das Wort „total" bei Hobbes nicht vorkomme, führe seine Wissenschaft von der Macht logischerweise zur totalen Macht (loc. cit. p. 338/9). In der Identifikation des Willens der durch den Staatsvertrag verbundenen Einzelnen mit dem Willen des Souveräns, die nach Hobbes' Auffassung einen Widerspruch und ein Staatsunrecht ausschließt (Leviathan, Kapitel XVIII), erblickt Mourgeon die Hauptstütze des totalitären Staatsdenkens.

Die von anderen und auch von Carl Schmitt so betonten individualistischen, freiheitlichen und rechtsstaatlichen Elemente bei Hobbes schrumpfen in dieser französischen Deutung fast bis zur Bedeutungslosigkeit zusammen. So nimmt es nicht wunder, wenn der Verfasser zu der Schlußfolgerung gelangt, der bleibende Wert der „Lehre" des Thomas Hobbes für „heute" liege in der Warnung, die ihr Ergebnis, die totalitäre Macht, enthalte. Doch dann klingt es wie Resignation, wenn er von der „inévitable liaison entre la civilisation de masse et le Pouvoir totalitaire" spricht, die Hobbes aufgezeigt habe.

XIII. Der zeitlose Hobbes

Wäre Hobbes eindeutig und unstreitig nicht mehr als ein Prophet des totalen Staates, ließe sich die Frage nach seiner aktuellen Bedeutung, seiner „Lehre" für die „Heutigen", die Menschen, insbesondere die Europäer, der zweiten Hälfte des 20. Jahrhunderts verhältnismäßig einfach, wenn auch je nach politischem und ideologischem Standort verschieden, ja gegensätzlich, beantworten. Daß die Klassifizierung so einfach nicht ist, weiß jeder gründliche Hobbeskenner und ergibt sich auch aus den widersprüchlichen Deutungen und Tendenzen in der Sekundärliteratur. Im deutschsprachigen Schrifttum hat namentlich Carl Schmitt dazu beigetragen, die Hobbes- Interpretation aus dem Totalitarismus-Streit herauszuführen.

Sein Hobbes-Bild paßt auch nicht mit jener Nebenrichtung der neueren Hobbes-Literatur zusammen, die dessen Politik durch marxistische oder quasi-marxistische Interpretation wenigstens methodisch zu aktualisieren versucht. Zwar verfährt sie nicht so ungeschichtlich, ihn als Sprachrohr einer Klasse und ihrer Interessen, etwa des Landadels oder des frühkapitalistischen Bürgertums seines Landes, zu bezeichnen.

Sie relativiert aber seine politische Theorie als Ausdruck einer bestimmten historischen Gesellschaftsordnung, nämlich der frühkapitalistischen Marktgesellschaft. „Es handelt sich nicht um die Zurechnung zu einer bestimmten Klasse, sondern um die Zurechnung zu einem bestimmten *Typus Gesellschaft*" — so charakterisiert *Iring Fetscher* dies Verfahren in seiner Einleitung zur deutschen Neuausgabe des „Leviathan" von 1966 (S. LVI).

Für *Karl Marx* selbst war Hobbes ein Theoretiker der bürgerlichen Gesellschaft, wenn er ihn auch nicht wie Edmund Burke beschimpfte und als „Sykophant ... im Sold der englischen Oligarchie" titulierte[43]. Die marxistische oder quasi-marxistische Deutung ist im englischen Sprachgebiet von *Macpherson,* auf dem europäischen Festland schon vorher namentlich von *Franz Borkenau* gepflegt, von der Mehrzahl der Hobbesforscher aber abgelehnt worden[44]. Den Nachweis einer Klassenbedingtheit, geschweige denn eines bestimmten Klasseninteresses in der politischen Theorie von Thomas Hobbes hat sie nicht erbracht. Hobbes hatte kein Klasseninteresse sondern die Souveränität des Staates an sich im Sinn. Das ergibt sich schon daraus, daß er diesem das Enteignungsrecht zuerkannte und, besonders im „Behemoth", der Darstellung der englischen Revolution, mit City und Händlern hart ins Gericht ging.

Der von Marx zitierte Satz: „Der Wert eines Mannes ist wie der aller anderen Dinge gleich seinem Preis: das will besagen, soviel, wie für den Gebrauch seiner Kraft gezahlt wird" — dieser Satz ist kein tragender Grundgedanke seiner Staatsphilosophie und wird von Marx auch nicht so ausgegeben.

Bernard Willms meint, „es ist sinnlos ... Hobbes zu lesen, als habe Marx nicht existiert, d. h. Hobbes zu lesen, ohne das Verhältnis dieses Denkens zu den konkreten sozialen Umständen seiner Zeit zu reflektieren" (a.a.O., S. 43). Willms stimmt zwar denen zu, die eine Übertragung orthodoxer Klassenkampfvorstellungen auf die englische Revolution des 17. Jahrhunderts als unhistorisch ablehnen, will aber doch die marxistische Interpretation als eine Errungenschaft festhalten und nennt

---

[43] Vgl. die Anmerkungen zu *Hobbes* in „Das Kapital", I. Band, II. Abschnitt, 4. Kapitel, 3 .Abs., Fußnote 42; IV. Abschnitt, 13. Kapitel, 2. Abs., Fußnote 111; VII. Abschnitt, 23. Kap., 1. Abs., Fußnote 75; zu *Burke,* VII. Abschnitt, 24. Kap., 6. Abs., Fußnote 248.

[44] *C. B. Macpherson,* The Political Theory of Possessive Individualism, Hobbes to Locke, 1962. *F. Borkenau,* Der Übergang vom feudalen zum bürgerlichen Weltbild, 1934, Neuausgabe 1971, S. 439 ff. Zum Ganzen, *B. Willms,* Die Antwort des Leviathan, 1970, S. 43—75, *Keith Thomas* in Hobbes-Studies, ed. K. C. Brown, 1965, S. 185 ff.

Hobbes den „ersten konsequenten Denker der bürgerlichen Gesellschaft" (S. 46). Was mit dieser Feststellung für die Aktualisierung der politischen Lehre des Hobbes gewonnen wird, vermag er aber nicht klar zu machen. Er räumt schließlich ein, daß „philosophisches Denken vom Range Hobbes ... sich nicht auf die Partikularität eines Klasseninteresses reduzieren" läßt (S. 50), daß Hobbes Gedanken sich auf das Ganze, das Allgemeine richten (S. 50, 73).

Auch wenn eine Theorie keiner Partei oder Klasse, sondern nur einem Typus Gesellschaft zugerechnet werden kann, wenn sie auf die „Herausforderung der neuen Konkurrenzgesellschaft" reagierte (Willms, S. 61), so fragt es sich doch, ob sie nur in diesem Bezugsrahmen „richtig" und „wahr" sein kann, nach dessen Ablösung durch eine neue, etwa klassenlose oder planwirtschaftliche, Gesellschaft aber unrichtig und unwahr wird. Diese Folgerung hat m. W. kein Hobbes-Deuter, der auf das soziale Bezugssystem, auf die Marktgesellschaft Wert legte, gezogen. Ungeachtet seiner zeitgeschichtlichen Bedingtheit wird der „Leviathan" allenthalben noch für eine „nützliche Lektüre" gehalten (Fetscher, a.a.O. S. LXIV). Warum, das hat wohl niemand so deutlich gemacht wie Carl Schmitt. Insbesondere die Reduktion einiger politischer Grundgedanken des englischen Staatsphilosophen im „Hobbes-Kristall" hat ihren allgemein gültigen Gehalt herausgearbeitet und sie damit der gesellschaftspolitischen Relativierung entzogen. Die im Hobbes-Kristall zusammengefügten Sätze enthalten keine Aussagen über die Struktur einer konkreten historischen Gesellschaftsordnung oder eines Gesellschaftstyps, sondern Aussagen und Formeln über staatliche Herrschaft schlechthin, mag sie von der bürgerlichen oder der Arbeiterklasse, von einer Plutokratie oder vom Proletariat ausgeübt werden, mag sie monarchisch, demokratisch oder oligarchisch organisiert sein. Überall besteht das Verhältnis von Schutz und Gehorsam, erhebt sich die Frage quis interpretabitur? oder quis judicabit? überall beruht das positive Gesetz auf autoritas, nicht auf veritas, kommt es auf das Verhältnis der direkten Gewalt zu den indirekten Gewalten an. Überall läßt sich der Staat als Zwangsordnung zur Erhaltung des inneren Friedens verstehen. Indem er auf die Möglichekit aufmerksam machte, den Satz des Hobbes „Jesus is the Christ" als fundamentalen Transzendentalsatz gegen eine andere „interpretationsbedürftige Wahrheit" oder gegen ein soziales Ideal wie „Jedem nach seiner Leistung" usw. auszutauschen, hat Carl Schmitt die Grundelemente hobbesischer Staatslehre bereits auf den sozialistischen Staat marxistischer Prägung anwendbar gemacht.

XIV. Schmitts „ideologische Komponenten"

Auch die politische Philosophie Carl Schmitts ist auf ihre „ideologischen Komponenten" untersucht worden. Sie werden in der „Option für den totalen Führerstaat" und im Freund-Feind-Denken gefunden, die nach Ansicht einiger Interpreten sein ganzes Werk durchziehen. Seine Kritik am Entartungszustand des Gesetzgebunsstaates und der parlamentarischen Demokratie erscheint in dieser Sicht nicht als systemimmanent, die um der Erneuerung der parlamentarischen Demokratie willen geübt wurde, sondern als „transzendierende Kritik", die der Begründung für ein andersartiges politisches System, den „plebiszitär-autoritären Totalstaat", diente[45]. Solche Interpretationen vernachlässigen leicht den Umstand, daß Schmitt im Gegensatz zu Hobbes kein geschlossenes System angestrebt und keins geschaffen hat, sondern eine in ihrer Fülle kaum übersehbare Reihe von Einzelschriften, Büchern und Abhandlungen, in denen neben konstanten auch variable, neben Allgemeingültigkeit beanspruchenden auch den Zeitgeist artikulierende Aussagen zu finden sind. Auch ein Interpret, der sich dieser Lage und der „bestürzenden Fülle von Titeln und Themen" im Werk Schmitts bewußt ist, meinte dennoch, den „Begriff des Politischen", d. h. die Freund-Feind-Unterscheidung, die zugleich als Ausdruck seines Dezisionismus gedeutet wird, zur Leitidee eines großen Teils seines Werkes machen zu können[46]. Das System, das aus Hobbes' Werk herauszulesen ist, muß in Schmitts Werk hineingelegt werden, wozu sich jene Grundkonzeptionen in erster Linie anbieten, die ihn mit Hobbes in Beziehung setzen.

XV. Gespräch über die Macht

Unter Carl Schmitts kleineren Schriften mit spezifisch hobbesischem Gedankengehalt ist noch das nach Art eines platonischen Dialoges geführte „Gespräch über die Macht und den Zugang zum Machthaber" (1954) hervorzuheben. Der Verfasser führt es selbst mit einem „jungen Jahrgang", mit dem er sich, ohne erst eine Begriffsbestimmung der Macht als sozialer Erscheinung zu versuchen, über Ursprung und moralische Qualifikation der Macht, über das Verhältnis von Macht und

---

[45] Vgl. *Jürgen Fijalkowski*, Die Wendung zum Führerstaat. Die ideologischen Komponenten in der politischen Philosophie Carl Schmitts, Köln, 1958, bes. S. 141/2.

[46] Vgl. *Mathias Schmitz*, Die Freund-Feind-Theorie Carl Schmitts, 1965, bes. S. 83—87.

Konsens, sowie über den Zugang zum Machthaber, den Vorraum der Macht, unterhält. Das mit vielen Aphorismen und Zitaten gespickte geistreiche Gespräch beansprucht nicht eine wissenschaftliche Abhandlung zu sein, es enthält aber in nuce eine Reihe von Einsichten und Thesen, die ebenso vom praktischen Erleben, wie vom theoretischen Forschen des Verfassers geprägt sind. Darin werden Thesen aufgestellt, die, auch wenn das „Gespräch" nicht an so vielen Stellen Hobbes zitieren würde, seinen Einfluß deutlich werden lassen: Für modernes Denken stammt Macht weder von der Natur noch ist sie von Gott, sondern sie ist eine zwischenmenschliche Beziehung. Ihre einzige Erklärung „bleibt die Verbindung von Schutz und Gehorsam". Bewirkt wird sie durch Konsens, aber die Macht bewirkt auch wiederum Konsens (S. 11). Sie besitzt darüberhinaus „eine gewisse eigene Bedeutung", „einen Mehrwert", ist „mehr als die Summe aller Zustimmungen" (S. 12), ist eine „objektive eigengesetzliche Größe" (S. 13). In der Abhängigkeit des Machthabers von Informationen und Ratschlägen und von denen, die sie ihm geben, ebenso in seiner gebrechlichen menschlichen Natur, liegt seine Schwäche und damit die „unentrinnbare innere Dialektik von Macht und Ohnmacht" (S. 14).

Für den Zusammenhang von Macht und Schwäche des Menschen beruft sich Schmitt auf Hobbes, den er hier den „immer noch modernsten aller Philosophen rein menschlicher Macht" nennt (S. 14). Dessen Hinweis in de homine X, 3 benutzt er zur Erklärung des Wesens menschlicher Macht. Er spricht von der „Hobbesianischen Gefährlichkeits-Relation" (S. 24) und meint damit die Feststellung, daß der Mensch anderen Menschen, von denen er sich gefährdet glaubt, um ebensoviel gefährlicher ist als jedes Tier, wie die Waffen des Menschen gefährlicher sind als die des Tieres.

Zwei Gedanken, in denen er das Problem der Macht über Hobbes hinaus entwickelt, hebt der Gesprächspartner C. Schmitt besonders heraus: 1. Die Verselbständigung der Macht, die weder böse noch gut noch auch neutral ist, durch Technik und Arbeitsteilung in der modernen Massengesellschaft und 2. das Problem des Zugangs zur Spitze des Staates. Ihn zu regeln, die auf den oder die Machthaber einwirkenden Einflüsse öffentlich und sichtbar zu machen, empfiehlt er Mitgliedern einer verfassunggebenden oder verfassungberatenden Versammlung (S. 29). Das „Gespräch über die Macht" ist nur ein Nebenprodukt im Schaffen des Verfassers, aber es zeigt in besonders konzentrierter Form den Einklang seiner Auffassung von der Macht mit der des Hobbes.

XVI. Die „Tyrannei der Werte"

Menschliche Macht dient, wenn sie nicht zum Selbstzweck werden soll, der Verwirklichung sozialer Werte. Es verwundert also nicht, wenn sich Carl Schmitt auch mit der Wertphilosophie befaßt. Der Diskussionsbeitrag, den er ursprünglich für ein Gelehrtengespräch in engem Kreise 1959 abgefaßt und dann 1967 in erweiterter Form in einer Festschrift für einen Kollegen veröffentlicht hat, trägt den von Nicolai Hartmann entliehenen Titel „Die Tyrannei der Werte"[47]. Schon darin zeigt sich die Tendenz. Diese „Überlegungen eines Juristen zur Wert-Philosophie", die als Kritik an einer zeitgenössischen Methode der Rechtsfindung angeboten wurden, führen tief in die wertphilosophische Diskussion und entpuppen sich als vernichtende Kritik der materialen Wertethik Max Schelers unter Berufung auf Max Weber, Thomas Hobbes und Nicolai Hartmann. Die Kritik des Juristen an der in der Bundesrepublik geübten Rechtsanwendung und Rechtsprechung durch „unmittelbaren Wertvollzug" geht von der Prämisse aus, daß der Wert, wie jede Idee, der Vermittlung bedarf, diese Vermittlung im Staat aber Sache des Gesetzgebers und nicht des Richters und anderer Juristen ist. „Ein Jurist, der sich darauf einläßt, unmittelbarer Wertvollzieher zu werden, sollte wissen, was er tut" (S. 62). Die Wertverwirklichung soll nach Schmitt nur nach Maßgabe präziser Gesetzbestimmungen im Zusammenhang konkreter Ordnungen erfolgen. Die Warnung vor subjektiven Setzungen und Wertungen durch einzelne Staatsglieder und Staatsämterverwalter, die sich damit über den Souverän stellen, steht ganz im Einklang mit Hobbes' Souveränitätslehre. Zur Begründung dieser gesetzesstaatlichen Ordnungsauffassung unternimmt Schmitt jedoch einen Angriff auf die Wertphilosophie, der ihn weit über das Feld der Jurisprudenz hinaus in die Bereiche der Philosophie und Soziologie trägt. Philosophiegeschichtlich deutet er die Wertphilosophie als einen Ersatz für das Naturrecht, das seine Evidenz bereits zuvor verloren hätte, und als eine Antwort auf die Herausforderung der wertfreien, kausalgesetzlichen Naturwissenschaft. Philosophisch setzt er ihr tiefste Skepsis entgegen: Werte sind subjektive Setzungen, hinter denen, soweit sie sich auf Staat und Gesellschaft beziehen, Interessen stehen. Das deutsche Wort „Wert" hat seine eigentliche Sinn-Heimat im Wirtschaftsleben, die der Begriff nie ganz verleugnen kann. Was die Berufung auf Werte und der Versuch, sie zu

---

[47] *Carl Schmitt*, Die Tyrannei der Werte, in Säkularisation und Utopie, Ebracher Studien, Ernst Forsthoff zum 65. Geburtstag, 1967, S. 37—62.

verwirklichen, aber politisch besonders gefährlich macht, ist ihr angeblicher Ursprung in der Negation: jeder Wert setzt einen Unwert voraus, dessen Vernichtung er zu seiner Verwirklichung verlangt. „Die rein subjektive Freiheit der Wertsetzung führt aber zu einem ewigen Kampf der Werte und der Weltanschauungen, einem Krieg aller mit allen, einem ewigen bellum omnium contra omnes, im Vergleich zu dem, das alte bellum omnium contra omnes und sogar der mörderische Naturzustand der Staatsphilosophie des Thomas Hobbes wahre Idyllen sind ... Immer sind es die Werte, die den Kampf schüren und die Feindschaft wachhalten. Daß die alten Götter entzaubert und zu bloß geltenden Werten geworden sind, macht den Kampf gespenstisch und die Kämpfer verzweifelt rechthaberisch ..." (S. 54).

Für diesen Wertpessimismus ruft Carl Schmitt zwei Zeugen auf: Max Weber und Nicolai Hartmann. Von letzterem stammt das Wort von der „Tyrannei der Werte". Nach Hartmann hat der Wert aber nur die Tendenz, „wenn er einmal Macht gewonnen hat über eine Person, ... sich zum alleinigen Tyrannen des ganzen menschlichen Ethos aufzuwerfen und zwar auf Kosten anderer Werte, auch solcher, die ihm nicht diametral entgegengesetzt sind". „Nicht den Werten als solchen in ihrer idealen Seinssphäre" haftet nach Nicolai Hartmann die Tendenz an, die sich in Unduldsamkeit und Fanatismus ausdrückt, sondern dem menschlichen Wertgefühl[48].

Carl Schmitt findet den Vorgang der „wertzerstörenden Wertverwirklichung" nicht nur in dem zum Extrem neigenden menschlichen Wertgefühl, sondern „bereits in der Struktur des Wertdenkens angelegt". Das Wort von der Tyrannei der Werte liefert ihm den Schlüssel zu der Erkenntnis, „daß die ganze Wertlehre den alten andauernden Kampf der Überzeugungen und Interessen nur schürt und steigert" (S. 60)

Dieser Wertpessimismus beruft sich zu Recht auf Hobbes und seinen Nominalismus, für den es nichts gibt, „das schlechthin und an sich" gut, böse und verächtlich ist. Denn „es gibt auch keine allgemeine Regel für Gut und Böse, die aus dem Wesen der Objekte selbst entnommen werden kann ..." Was die Menschen begehren, nennen sie gut, was sie hassen böse. „Die Wörter gut, böse und verächtlich (good, evill and contemptible) werden immer in Beziehung zu der Person gebraucht, die sie benützt" (Leviathan, Kap. 6)[49]. Im Staat aber bestimmt der Souverän, welche Werte gelten. Auch die Geltung oder der Wert (Value or Worth)

---

48 a.a.O., S. 59; *Nicolai Hartmann*, Ethik, 1926, S. 524 ff.
49 Zitiert nach der Übersetzung von W. Euchner, Reihe Politica, Bd. 22, S. 41.

des Menschen „ist wie der aller anderen Dinge sein Preis. Das heißt, er richtet sich danach, wieviel man für die Benützung seiner Macht bezahlen würde und ist deshalb nicht absolut, sondern von dem Bedarf und der Einschätzung eines anderen abhängig" (Lev. Kap. 10).

Ähnlich wie Hobbes dem Atheismus-Vorwurf selbst genug Nahrung gab, hat auch Carl Schmitt zu seinem Ruf eines „Nihilisten" einiges beigetragen, so auch im Alter die „Tyrannei der Werte". Als Warnung an die Juristen, sich nicht unter Mißachtung des Gesetzes selbständig die Durchsetzung der dahinter stehenden Werte, Ziele, Absichten und Programme anzumaßen, hat sein Diskussionsbeitrag einen guten Sinn. Als Ausdruck totalen Wertpessimismus und -relativismus aber führt er zu der Position, auf die ihn seine Gegner immer festlegen wollten: zum inhaltlosen, sittlich indifferenten, rein funktionellen Dezisionismus. Hauptsache, es wird entschieden, regiert und geordnet — was und wie, ist letztlich gleichgültig, denn die „Werte" entbehren ohnehin jeder Evidenz.

In der stets gegenwärtigen Möglichkeit des Umschlags aus der sich selbstaufgebenden relativistischen Indifferenz in den Fanatismus der Unduldsamkeit — und umgekehrt — liegt in der Tat das tiefste Dilemma menschlich-sozialen Verhaltens zu Werten und Ideen. Sie samt und sonders zu verwerfen, weil sie wissenschaftlich nicht beweisbar und wie Öl auf das Feuer des Interessenkampfes wirken können, ist aber dennoch keine gesellschaftspolitische Lösung. Politische Entscheidung und staatliche Ordnung haben nur als Konkretisierung von sozialen Idealen, wie Freiheit, Menschlichkeit, Gerechtigkeit, Nation einen vernünftigen Sinn[50]. In seiner ersten rechts- und staatsphilosophischen Schrift, „Der Wert des Staates und die Bedeutung des Einzelnen", glaubt der junge Carl Schmitt noch an die Rechtsidee und an materielle Werte, legitimiert er den Staat durch die Aufgabe, das Recht, das außer ihm ist, zu verwirklichen. In dem Essay über römischen Katholizismus und politische Form erscheint die römische Kirche als die Repräsentantin des „regierenden, herrschenden, siegenden Christus" ... „Sie repräsentiert die civitas humana" ... „Sie ist die Erbin". Noch in „Legalität und Legitimi-

---

[50] Vgl. dazu: *Helmut Rumpf*, Naturrecht und Politik, Gedächtnisschrift für Walter Jellinek, 1955, S. 53; *Karl Engisch*, Die Idee der Konkretisierung in Recht und Rechtswissenschaft unserer Zeit, 1953. Der von C. S. — im Ganzen gesehen mit Recht — niedrig eingeschätzte *Adam Müller* hat immerhin schon richtig erkannt, daß „eine politische Ordnung, die keinen andern, höheren Zweck hat als eben wieder die Ordnung, die demzufolge nichts anderes sein kann als ein maschinenmäßig in sich selbst umherlaufendes Uhrwerk ..." sich am Ende selbst zerstören muß (Elemente der Staatskunst, Ausgabe von 1936, S. 157).

tät" (1932) empfahl er dem Weimarer Staat, sich für eine „substanzhafte Ordnung", gegen Wertneutralität zu entscheiden, und warnte vor den „Fiktionen eines gegen Wert und Wahrheit neutralen Mehrheitsfunktionalismus". Die Rettung des deutschen Verfassungswerks sollte im zweiten Hauptteil der Reichsverfassung, in den „Grundrechten und Grundpflichten der Deutschen" liegen. Von den trotz aller durchdringenden Schärfe und aller Realistik optimistischen Frühschriften zum Wertpessimismus des Alterswerks war es ein langer Weg, besät mit zahllosen großen und kleinen Publikationen und gekennzeichnet von Wenden und Wandlungen, Herausforderungen der Zeit und Antworten des Geistes, beruflichem Aufstieg und Fall, Ehrungen und Enttäuschungen. Doch nur, wenn man jedes seiner Werke für sich sprechen läßt und aus sich versteht, neben dem Variablen auch das Konstante erkennt, wird man dem großen deutschen Staatsdenker gerecht.

XVII. Lehren und Warnungen

In einer Zeit, da umstürzlerische Kräfte auf der ganzen Erde am Werk sind, in manchen Ländern gefördert von der Schwäche und Unsicherheit des „Establishment", da die inneren und äußeren Verhältnisse weiter Gebiete sich anarchischen Zuständen nähern, da sich Feindschaften verschiedener Art in heißem und kaltem Krieg, Bürgerkrieg und Guerilla entladen, erhalten und verdienen die Lehren von Thomas Hobbes und Carl Schmitt neue Beachtung. Um sie für die Gegenwart politisch auszuwerten, bedarf es aber einer Besinnung nicht nur auf Geist und Lage dieser Zeit sondern auch auf die der unmittelbaren Vergangenheit. Wer heute den „Leviathan" liest, tut es in einem Bewußtsein, das auch von der — erlebten oder mitgeteilten — Erfahrung des Nationalsozialismus, Faschismus und Kommunismus als Herrschaftsweisen gestimmt ist. Wer heute den Namen Carl Schmitt hört, denkt auch an seine Rolle als „Kronjurist" des „Dritten Reiches". Wie jede Staatsphilosophie treffen auch die Lehren von Thomas Hobbes und Carl Schmitt im letzten Drittel des 20. Jahrhunderts auf eine zwiespältige Stimmung, die einerseits von der Erfahrung mit dem „état criminel" des Nationalsozialismus, andererseits von der Furcht vor Anarchie und Kommunismus genährt wird.

Bei solcher Aktualisierung muß man selbstverständlich der Unterschiede beider Persönlichkeiten und Lehren eingedenk sein und wissen, ob man letztere nur als Hilfe zur Erkenntnis oder auch zur Bewältigung der Lage empfehlen kann.

„Im Westen zeigt sich, daß die überkommene Diffamierung der Staatslehre des Hobbes in den Erfahrungen des heutigen Weltbürgerkrieges von selbst aufhört", sagte Carl Schmitt in einem kleinen anonym erschienenen Beitrag „Dreihunert Jahre Leviathan" (Universitas 1952, S. 181). Doch manche westlichen Interpreten der letzten Jahre haben sich aus Hobbes herausgeholt, was ihnen gefiel. Dabei wurde das gerade heute so beachtliche 29. Kapitel des „Leviathan", „Von Dingen, die einen Staat schwächen oder zu seiner Auflösung führen", gern vernachlässigt. Es enthält eine klare Absage des Denkers an den liberalen Rechtsstaat, dessen Verfechter im 19. und 20. Jahrhundert sich denn auch nicht auf ihn sondern auf Locke und Montesquieu berufen. Die Theorien und Praktiken, die Hobbes als Gebrechen und Krankheiten eines Staates kennzeichnet, gehören zu den grundlegenden Prinzipien und Theoremen des rechtsstaatlichen Ideals, wie es noch heute in der westlichen Welt verstanden wird.

An erster Stelle nennt Hobbes die Beschränkung der staatlichen Macht über das Maß dessen hinaus, was der Staat zur Bewahrung des inneren Friedens und zur äußeren Verteidigung notwendig braucht. „Die Folge davon ist, daß es eine ungerechte Handlung zu sein scheint, wenn die bisher nicht ausgeübte Gewalt im Interesse der öffentlichen Sicherheit wieder ausgeübt wird. Dies treibt eine große Zahl von Menschen zur Rebellion, wenn sich Gelegenheit bietet . . .[51]." Da das Maß der notwendigen Macht nicht eindeutig bestimmt werden kann und sich auch mit den Verhältnissen ändert, braucht dies Gebrechen nicht jeder rechtsstaatlichen Ordnung anzuhaften, auch fand es Hobbes schon im antiken und im feudalen Staat. Aber die Tendenz zur Entmachtung des Staates ist gerade heute typisch für die westlichen Demokratien und daher betrifft sie auch Hobbes' Feststellung, daß ein Staat, dessen Gewalt beschränkt ist, notfalls zur List (d. h. zur Gesetzesumgehung) greifen muß, um handlungsfähig zu werden. Bei Carl Schmitt findet sich der gleiche Gedanke in dem Begriff der „apokryphen Souveränitätsakte" angedeutet, durch die eine vollkommen durchnormierte Ordnung gegebenenfalls durchbrochen wird (Verfassungslehre, 1928, S. 108).

Was Hobbes dann an zweiter Stelle als „Gift aufruhrstiftender Theorien" bezeichnet — „Jeder Privatmann sei Richter darüber, ob eine

---

[51] Deutscher Wortlaut nach der Übersetzung von Euchner, Reihe Politica, Band 22, S. 245.

Handlung gut oder böse ist", und „Alles, was man wider sein Gewissen tut, ist Sünde" — sind Kernsätze liberaler und christlicher Staatsethik. Drei Grundprinzipien des bürgerlichen Rechtsstaats sind für ihn mit der Natur des Staates unverträglich: daß der Inhaber der souveränen Gewalt den bürgerlichen Gesetzen untersteht; daß jeder Privatmann das uneingeschränkte Eigentum an seinem Vermögen besitzt, so daß das Recht des Souveräns daran ausgeschlossen ist; daß die souveräne Gewalt teilbar ist. Eine andere Krankheit des Staates ist die „übermäßige Größe einer Stadt", wenn sie nämlich imstande ist, „aus ihrem eigenen Gebiet genügend Leute und die Kosten einer großen Armee zusammenzubringen". Entsprechendes gilt von „Korporationen", die „gewissermaßen viele kleine Staaten im Innern eines größeren sind, ähnlich den Eingeweidewürmern eines natürlichen Menschen". Dem fügt Hobbes „die Freiheit der Leute" hinzu, „die angeblich politische Klugheit besitzen, die absolute Gewalt in Worten anzugreifen"[52].

Mit dieser Pathogenese des Staates, in den Vorstellungen und aus den Erfahrungen seiner Zeit vorgetragen, hat Hobbes die wesentlichen Einwände aller späterer autoritär-konservativen Kritik am bürgerlichen Rechtsstaat, an der liberalen Demokratie und am Pluralismus der Gewalten vorweggenommen. Auch Carl Schmitts kritische Analysen des bürgerlich-liberalen Rechts- und Verfassungsstaates zeigen die liberalen Prinzipien, wenn auch anfangs noch nicht als Gebrechen, so doch als Methoden zur Relativierung und Temperierung staatlicher Macht. Seine von liberalen Staatsrechtslehrern viel getadelte Aufteilung der modernen Staatsverfassung in einen rechtsstaatlichen und einen politischen Bestandteil, seine Unterscheidung von bürgerlich-rechtsstaatlichen Prinzipien und politischer Form, die er in der „Verfassungslehre" (1928, S. 123 ff., 200, 221 ff.) entwickelt, stehen der hobbesischen Staatsauffassung nicht fern. Die politische Macht als das eigentlich staatliche Element ist sehr hobbesisch gedacht, ebenso die Feststellung, im rechtsstaatlichen System werde „der Staat selbst, der kontrolliert werden soll", vorausgesetzt. „Die Prinzipien der bürgerlichen Freiheit können wohl einen Staat modifizieren und temperieren, aber nicht aus sich heraus eine politische Form begründen «Die Freiheit konstituiert nichts», wie Mazzini treffend gesagt hat" (a.a.O., S. 200). Hobbes Bemerkung, wer die Gesetze über den Souverän stellt, stelle auch einen Richter und eine Gewalt zu seiner Bestrafung über ihn, was die Schaffung eines neuen Souveräns bedeute, erinnert an Schmitts wiederholte Warnung vor der

---

[52] a.a.O., S. 254.

Juridifizierung der Politik. Aber erst in seinen zu Beginn der nationalsozialistischen Herrschaft erschienenen Schriften stellt Schmitt die Prinzipien des liberalen Konstitutionalismus als Gebrechen, wörtlich als „Ver-
wirrung" dar, ohne sich dabei freilich auf Hobbes zu berufen[53].

XVIII. Eine Ehrenrettung des Thomas Hobbes

Obwohl Carl Schmitts staatspolitischer Anti-Liberalismus aus dem
„Leviathan" unterstützende Argumente hätte ziehen können, hat er
gerade in der nationalsozialistischen Periode seinen Abstand von Hobbes
deutlich gemacht, wohlwissend, daß Hobbes nicht als Vorläufer des
zeitgenössischen Totalitarismus angesehen werden kann, und daß dessen
Begründung und Rechtfertigung staatlicher Allmacht sowohl von der
nationalsozialistischen als auch von Schmitts eigener früherer Theorie
grundverschieden ist. Worin sich Hobbes' Staatslehre vom Totalitarismus des 20. Jahrhunderts eigentlich unterscheidet, hat aber ein anderer,
der französische Staatsrechtslehrer René Capitant, in einer Auseinander-
setzung mit J. Vialatoux dargelegt[54]. Ihm ist die erste Ehrenrettung
Hobbes' in den Augen des Westens im Zeitalter Hitlers und Stalins zu
danken. Capitant stellt die individualistische und rationalistische Grundlage der hobbesischen Staatsphilosophie dem organizistischen Mystizis-
mus des Nationalsozialismus gegenüber. Für den Nationalsozialismus
steht der Staat im Dienst des Volkes, das als eine organische Realität,
eine rassische Substanz von höchstem Wert verstanden wird. Für Hobbes
ist der Staat ein Kunstgebilde zum Nutzen der Einzelmenschen, die ihn
aus Selbsterhaltungstrieb und zur Gewährleistung ihrer individuellen
Sicherheit und Wohlfahrt durch eine Vernunftkonstruktion, den Gesellschaftsvertrag, eingerichtet haben. Für Hobbes, den Nominalisten, ist
der Staat keine natürliche sondern eine juristische Einheit, das Volk im
Naturzustand nur eine aus Einzelmenschen zusammengesetzte Menge.
Die souveräne Staatsgewalt aber ist eine Funktion der Summe aller
individuellen Interessen, für die salus publica suprema lex ist. „La
pensée de Hobbes est donc profondément individualiste, et par consé-
quence, en opposition complète avec l'organicisme de l'Etat totalitaire
allemand", sagt Capitant (a.a.O., S. 54). Der Staat als Maschine im

---

[53] Vgl. C. S. Staatsgefüge und Zusammenbruch des zweiten Reiches, 1934, S. 49 u.
passim; Staat, Bewegung, Volk, 1935, S. 22 ff.
[54] R. Capitant, Hobbes et l'Etat Totalitaire, Archives de Philosophie du Droit et de
Sociologie juridique, 1938, S. 46—75.

Dienst individueller Wohlfahrt ist weder mit nationalsozialistischer und faschistischer noch mit marxistisch-leninistischer Auffassung vereinbar.

Hobbes Rechtfertigung des Staates weicht aber auch von der Staatsauffassung ab, die der junge Carl Schmitt in der Schrift „Der Wert des Staates und die Bedeutung des Einzelnen" (1914) entwickelte. Denn darin erkannte er dem Staat deswegen eindeutig den Vorrang zu, weil er die Rechtsordnung verwirklicht, von der allein das Individuum seinen Wert erhält. Der Staat steht im Mittelpunkt der Reihe Recht, Staat und Einzelmensch, das Recht aber ist Naturrecht, Rechtsidee, der Einzelne außerhalb des Rechts nur eine empirische Tatsache.

Daß Hobbes von einer individualistischen und nominalistischen Ausgangsbasis zum Staatsabsolutismus gelangt, ist manchen Interpreten als Widerspruch erschienen. Der scheinbare Zwiespalt hat dazu geführt, daß in der Sekundärliteratur der Akzent bald auf die individualistisch-rationalistischen („naturrechtlichen" oder „szientifischen") Grundlagen, bald auf die absolutistischen Konsequenzen gelegt worden ist. Als Schöpfer eines klassischen Modells des totalen Staates wird der Verfasser des „Leviathan" jedoch in den letzten zwei Jahrzehnten nur noch von einer Minderheit seiner Deuter angesehen[55]. In der überwiegenden Meinung hat sich die Ansicht durchgesetzt, die Capitant 1938 vertrat, als er Hobbes zum Lehrmeister eines aufgeklärten Absolutismus erklärte, dessen juristische Staatsallmacht durch einen moralischen Liberalismus gemäßigt wird, der nur soviel Gesetze gibt, wie das Gemeinwohl unbedingt verlangt, der die Bürger gleich behandelt, ihren Wohlstand fördert und der die Religion, ihr Dogma und ihren Kultus nicht aus Weltanschauungs- oder „Wahrheits"fanatismus sondern im Namen der öffentlichen Ordnung, der Staatsräson, überwacht und notfalls regelt. Wenn man Hobbes' Staatskonzeption überhaupt an einer historischen Staatserscheinung exemplifizieren kann, so wäre es nach Capitant die aufgeklärt absolute Monarchie des 17. und 18. Jahrhunderts, der Polizeistaat, allenfalls die Herrschaft Napoleons mit ihren gesetzgeberischen Reformwerken. Der staatliche Absolutismus ist für Hobbes nach Capitant „la condition même de la sécurité individuelle" (a.a.O., S. 74)[56]. So sieht er Hobbes' wahren Platz nicht unter den Ahnen des totalitären Staates sondern unter den Theoretikern des modernen Individualismus,

---

[55] Deutscher Vertreter ist der Theologe *Dietrich Braun* in seiner Baseler Dissertation „Der sterbliche Gott oder Leviathan gegen Behemoth", Zürich, 1963.

[56] Ähnlich auch *B. Willms*, a.a.O., S. 157, der aber auf das ungelöste Spannungsverhältnis der Freiheit zum Staat bei Hobbes hinweist.

den er in vier Zweige aufgliedert, den Liberalismus, die Demokratie, den Sozialismus und den autoritären Staatsgedanken (autoritarisme), deren Repräsentanten Locke, Rousseau, Babeuf und Hobbes seien (a.a.O., S. 71).

Das Bild eines autoritären Staatsdenkers wird abgerundet durch Hobbes' Einstellung zum Privateigentum, das er keineswegs für absolut heilig und naturrechtlich sondern als vom staatlichen Gesetz geschaffen ansieht, und das nach seiner Lehre dem Zugriff des Souveräns um des Gemeinwohls willen auch von Rechts wegen ausgesetzt bleibt. Ein Denker, der die monopolistische Anhäufung von Volksvermögen bei Privatpersonen als eine Krankheit, der Brustfellentzündung vergleichbar, qualifiziert, kann aber auch nicht gut zum Exponenten frühkapitalistischer Interessen gestempelt werden. Schließlich war Hobbes trotz seiner „machtstaatlichen" Tendenz kein Imperialist: auch „den unersättlichen Appetit nach Vergrößerung des Herrschaftsbereichs" rechnet er zu den Krankheiten eines Staatskörpers (Lev. Kap. 29).

XIX. Hobbes-Feier 1938

Einen vorsichtigen, indirekten Versuch der Aktualisierung unternahm die deutsche Hobbes-Gesellschaft mit einer akademischen Feier zum 350. Geburtstag von Thomas Hobbes (geb. 5. April 1588) am 12. April 1938 in Kiel. Soweit der in den Veröffentlichungen der Gesellschaft (Heft IX, Kiel 1938) von Cay von Brockdorff herausgegebene Bericht erkennen läßt, wurde Hobbes von keinem Redner und in keinem Grußwort unverblümt als Kronzeuge für die nationalsozialistische oder faschistische Herrschaft beansprucht, vielmehr die Komplexität seines politischen Werkes in den meisten Stellungnahmen anerkannt.

Carl Schmitt ließ in seiner Grußbotschaft das Leitmotiv seiner Leviathan-Schrift anklingen: „Erst jetzt, im 4. Jahrhundert seiner Wirkung, tritt das Bild dieses großen politischen Denkers in reinen Linien zu Tage und wird der echte Klang seiner Stimme vernehmbar. Für sein eigenes Jahrhundert hat er selbst voll Bitterkeit von sich gesagt: „Doceo, sed frustra". Im folgenden Jahrhundert war er der ungenannt bleibende Inaugurator des staatspolitischen Denkens. Dann wurden seine Begriffe herrschend, aber das Bild seines „Leviathan" blieb ein Schreckmythos, und seine lebendigsten Prägungen sanken zu Redensarten herab. Heute dagegen begreifen wir die unverminderte

Kraft seiner Polemik, verstehen wir die innere Gradheit seines Gedankens und lieben wir den unbeirrten Geist, der die existenzielle Angst des Menschen furchtlos zu Ende dachte und als ein wahrer „Promachos" die trüben Evasionen aller „indirekten Gewalten" zerstörte. So ist er für uns der echte Denker einer politischen Wirklichkeit; einsam, wie jeder Wegbereiter; ungelohnt, wie jeder, der ein Tor öffnet, durch das andere weitermarschieren; und doch in der unsterblichen Gemeinschaft der großen Wissenden der Zeiten — a sole retriever of an ancient prudence. Über die Jahrhunderte hinweg rufen wir ihm zu: „Non jam frustra doces, Thomas Hobbes!" (a.a.O., S. 15). Nur in Untertönen hört man hier die Stichworte der Zeit, im übrigen könnte diese Würdigung auch heute gesprochen sein. Die anläßlich der Feier gehaltene Festrede von Paul Ritterbusch über „Die Totalität des Staates bei Thomas Hobbes", die Schmitt in seinem Leviathanbuch wiederholt zitiert, ist nie gedruckt erschienen.

XX. Politischer Hobbismus

Der autoritäre Staat ist das gemeinsame Leitbild für Hobbes wie für Carl Schmitt, so verschieden ihre philosophische und ideologische Begründung und ihr geistesgeschichtlicher Hintergrund auch sind. Von der subjektiven Einstellung des Betrachters zur staatlichen Autorität schlechthin hängt daher letztlich das Urteil über beide Staatsdenker und die Haltung zu ihren Lehren in der Gegenwart ab. Wenn Hobbes heute allenthalben mit viel größerem Gleichmut betrachtet wird als sein Wahlverwandter im 20. Jahrhundert, so liegt das nicht nur am Zeitablauf oder daran, daß er sich nie einer politischen Partei oder Zeitströmung verschrieben hatte, sondern auch an der Komplexität seiner Lehre, des *Hobbismus*. So bezeichnete man im 18. Jahrhundert die gesamte Philosophie des Thomas Hobbes[57], für manche Theologen ebenso wie für Liberale war es ein Schreckwort. Im zwanzigsten Jahrhundert haben die eigentlich philosophischen Bestandteile, die Körperlehre, die Anthropologie und die Theologie nur mehr historisches und geistesgeschichtliches Interesse. Als politische Theorie aber hat der Hobbismus noch eine aktuelle Bedeutung, die nicht zuletzt auch im Werk von C. Schmitt durchkommt.

Politischer Hobbismus, der auch der heutigen Zeit noch etwas zu sagen hat, sind zuvörderst die in Schmitts Hobbes-Kristall zusammen-

---

[57] Vgl. *Denis de Diderot*, Hobbisme, Encyclopédie, Bd. VIII, 1765, S. 232 ff.

gefügten Erkenntnisse und Prinzipien: 1. Jedes Staatswesen ist ein Ordnungssystem zur Befriedigung der elementaren menschlichen und gesellschaftlichen Bedürfnisse: innerer Friede, Sicherheit und Verteidigung nach außen, und zur Ermöglichung kultureller Entfaltung in soviel Freiheit, wie mit der Gesamtordnung verträglich. 2. Der Staat beruht ιuf dem ewigen Zusammenhang von Schutz und Gehorsam: solange er protectio gewährt, kann er oboedientia fordern, aber nicht länger (Leviathan, Kap. 29, Schluß). 3. Ist der Staat auf ein Wertsystem oder eine Ideologie ausgerichtet, bedarf diese, wie das Recht selbst, der Konkretisierung, Interpretation und Anwendung, die nur von einer überlegenen Autorität durch Entscheidung (heute in der Regel Mehrheitsbeschluß) vorgenommen werden kann (Dezisionismus). 4. Die zentrale Staatsgewalt muß, um die Einheit und Ordnung des Gemeinwesens zu wahren, allen indirekten und Teilgewalten, Interessen- und Glaubensgemeinschaften, überlegen sein.

Für die von der Erfahrung mit dem zeitgenössischen Totalitarismus geschreckte Generation ist die Souveränitätslehre mit ihren Folgerungen für die Kontrolle der öffentlichen Meinung und der prinzipiellen Überordnung der Staatsgewalt über Einzel- und Gruppenrechte und -interessen der am schwersten annehmbare Aspekt der hobbesischen Theorie. Rechtsstaatliche Prinzipien als Gebrechen des Staates anzusehen, muß denen als infame Heresie erscheinen, die erlebt haben, was eine entfesselte Staatsmacht vermochte. Daß Hobbes selbst kein Ahnherr des totalen Weltanschauungsstaates ist, daß er die Wirkung einer Kombination von politischem Radikalismus, staatlicher Souveränität und technologischer Instrumentierung der Herrschaftsmethoden in der Einparteienherrschaft des 20. Jahrhunderts nicht ahnen konnte, zerstreut das Mißtrauen nicht, daß ein nach seiner Lehre verfaßter Staat dem gleichen Mißbrauch, der gleichen Totalität verfallen könnte. Ist nicht Carl Schmitts „Sündenfall", sein Mitläufertum im nationalsozialistischen Regime, ein Beispiel dafür, wohin sich ein Hobbes-Jünger verirren kann? Wer das befürchtet, vergißt, daß sich die Geschichte nicht wiederholt; verkennt die historischen, gesellschaftlichen und ideologischen Ursachen der Wendung zum totalen Staat, überschätzt die Wirkung einzelner Theoretiker, unterschätzt die der objektiven Gegebenheiten und Machtfaktoren. Aber soweit auch der Einfluß eines einzelnen Philosophen oder Staatstheoretikers reicht — die Lehre des Thomas Hobbes enthält, wie oben dargelegt, geistige Gegenkräfte, um einem Rückfall zu begegnen. Allerdings muß man sie aus sich heraus verstehen und sie weder faschistisch mißdeuten noch marxistisch relativieren als eine Theorie der bürgerlichen Gesellschaft. Ihr Kern ist eine überzeitliche Staatslehre, die auch durchaus so gelesen werden kann, „als habe Marx nicht existiert"[58].

Denn ihre tragenden Grundsätze und -erkenntnisse sind nicht von „den konkreten sozialen Umständen seiner Zeit" abhängig und werden nicht davon beeinträchtigt, daß Hobbes den Klassenkampf ignorierte. Hobbes war als Theoretiker nicht Ideologe sondern Philosoph, „er dachte das Allgemeine" (B. Willms, a.a.O., S. 73).

Was aber kann seine Souveränitätslehre heute bedeuten? Den souveränen Monarchen oder die souveräne repräsentative Versammlung, denen die von Hobbes geforderten Attribute der Allzuständigkeit und Unkontrolliertheit zukommen, kennt nicht nur kein Verfassungsstaat der Neuzeit. Sie sind auch nur in wenigen historischen Beispielen zeitweilig nachweisbar, heute theoretisch noch im britischen Parlament (sovereignty of Parliament). Als Konstruktionselemente des „wahren Staates" (so Dietrich Braun wohl nach Ottmar Spann) verstanden, gehören sie in den Bereich der staatstheoretischen Utopie. Aber könnte Hobbes' Souveränitätslehre nicht durch einen höheren Grad staatstheoretischer Abstraktion allgemeine Wirklichkeit gewinnen? Setzt man statt eines Monarchen oder einer gesetzgebenden Versammlung als Träger der Souveränität den Staat als Ganzes, die civitas, im modernen Sprachgebrauch: die Gesellschaft, ein, so ist ihre totale Rechtsetzungsbefugnis, ihre souveräne Gestaltungsmacht doch empirisch feststellbar, gleichgültig, welche politische Verfassung sie sich gibt. Die Anerkennung von individuellen Grundrechten, die Einrichtung der Gewaltenteilung und richterlicher Kontrollen sind, soziologisch gesehen, zeit- und kulturbedingte Selbstbeschränkungen der civitas. Nur der Glaube an überpositive universelle Rechtsgrundsätze vermag noch Schranken zu ziehen, Schranken, die auch Hobbes, die auch Carl Schmitt letztlich nicht verleugnet. Eine solche Umdeutung, die eher der Rousseauschen Lehre von der volonté générale und der Lehre vom pouvoir constitant als der Absicht Hobbes' entspräche, vermöchte aber weder die konkreten Staatsordnungen aus Geschichte und Gegenwart zu erklären noch ein verfassungspolitisches Leitbild hervorzubringen.

So bleibt als Vermächtnis des Thomas Hobbes über den Komplex des Hobbes-Kristall hinaus im Grunde nur die Idee der friedensstiftenden

---

[58] Das Gegenteil behauptet B. Willms, a.a.O., S. 43. Ähnlich Iring Fetscher, Politikwissenschaft, Fischer-Bücherei, Funk-Kolleg, Bd. 3, 1968, S. 29—42.

Ordnung, die sich in Autorität und Entscheidung äußert. „Der Staat ist nämlich nicht seinetwegen, sondern der Bürger wegen eingerichtet worden; aber man kann dabei nicht auf diesen oder jenen einzelnen Bürger Rücksicht nehmen ... Mitunter erfordert es aber das Wohl der meisten, daß es denen, die schlecht sind, auch schlecht gehe" (Vom Bürger, 13. Kap. Abs. 3). Hobbes ist insofern konservativ, als ihm die Stabilität der civitas wichtiger ist, als die Belange Einzelner und der Gruppen. Er ist Realpolitiker, insofern er weiß, daß Leviathan ständig vom Behemoth der Revolution bedroht ist und daher Festigkeit und Wachsamkeit der Staatsautorität geboten sind. Diese Grundhaltung ist es, die dem Hobbismus seine Zeitnähe in der Gegenwart gibt, die ihn als Antidot gegen die in der westlichen Welt vorherrschende exzessiv liberal-individualistische Tendenz, gegen Pluralismus und rechtsstaatlichen Doktrinarismus geeignet erscheinen läßt. Soweit Carl Schmitt aus ähnlicher Grundeinstellung gedacht hat, kommt seiner Lehre, oder doch Teilen davon, eine ähnliche Funktion zu.

In beider Denker Werke finden sich sowohl Anregungen für eine fällige ideologische Korrektur westlichen politischen Denkens als auch gefährliche Tendenzen zur Enthemmung menschlichen Machtstrebens.

Literaturhinweise

I. In der Abhandlung berücksichtigte oder erwähnte Schriften Carl Schmitts

1. Gesetz und Urteil, 1912, 2. Aufl. 1969.
2. Der Wert des Staates und die Bedeutung des Einzelnen, 1914, 2. Aufl. 1917.
3. Römischer Katholizismus und Politische Form 1923, 2. Aufl. 1925.
4. Politische Romantik, 1919, 2. Aufl. 1925.
5. Politische Theologie, 1922, 2. Aufl. 1934.
6. Die Diktatur, 1921, 3. Aufl. 1964.
7. Die Diktatur des Reichspräsidenten nach Artikel 48 der Reichsverfassung, Veröffentlichungen der Vereinigung der Deutschen Staatsrechtslehrer, Heft 1, 1924.
8. Die geistesgeschichtliche Lage des heutigen Parlamentarismus, 1923, 3. Aufl. 1961.
9. Die Kernfrage des Völkerbundes, 1926.
10. Verfassungslehre, 1928, Neudrucke 1954, 1956.
11. Der Hüter der Verfassung, 1931.
12. Der Begriff des Politischen, 1932, Neuauflage 1963.
13. Legalität und Legitimität, 1932.
14. Staat, Bewegung, Volk, 1933, 3. Aufl. 1935.
15. Über die drei Arten rechtswissenschaftlichen Denkens, 1934.
16. Staatsgefüge und Zusammenbruch des zweiten Reiches, 1934.
17. Der Staat als Mechanismus bei Hobbes und Descartes, Archiv für Rechts- und Sozialphilosophie, Bd. XXX, 1937, S. 622—632.
18. Der Leviathan in der Staatslehre des Thomas Hobbes, 1938.
19. Die Wendung zum diskriminierenden Kriegsbegriff, 1938.
20. Völkerrechtliche Großraumordnung mit Interventionsverbot für raumfremde Mächte, 1939.
21. Positionen und Begriffe im Kampf mit Weimar, Genf, Versailles 1940.
22. Land und Meer, 1942, 2. Aufl., 1954, Reclams Universal-Bibliothek Nr. 7536.
23. Ex Captivitate Salus, 1950.
24. Der Nomos der Erde im Völkerrecht des Jus Publicum Europaeum, 1950.
25. Dreihundert Jahre Leviathan, Universitas, 1952, S. 179—181.
26. Gespräch über die Macht und den Zugang zum Machthaber, 1954.
27. Verfassungsrechtliche Aufsätze aus den Jahren 1924—1954 (1958).
28. Theorie des Partisanen, 1963.
29. Die vollendete Reformation, Der Staat, 4. Bd. 1965, S. 51—69.

30. Die Tyrannei der Werte, in Säkularisation und Utopie — Ebracher Studien für Ernst Forsthoff zum 65. Geburtstag, 1967, S. 37—62 (erste Fassung als Privatdruck 1960).

31. Politische Theologie II, 1970, auch in Eunomia, Freundesgabe für Hans Barion zum 16. Dez. 1969.

II. Erwähnte Sekundärliteratur zu Carl Schmitt

A. Monographien

1. *Fijalkowski*, Jürgen, Die Wendung zum Führerstaat, 1958.
2. *Hofmann*, Hasso, Legitimität gegen Legalität, 1964.
3. *Schmitz*, Mathias, Die Freund-Feind-Theorie Carl Schmitts, 1965.
4. *Schneider*, Peter, Ausnahmezustand und Norm, 1957.

B. Aufsätze und Rezensionen

1. *Huber*, Hans, Besprechung der C. S.-Festschrift von 1958 in Zeitschrift für Schweizerisches Recht 1959, S. 431.
2. *Jänicke*, Martin, Die „Abgründige Wissenschaft" vom Leviathan, Zur Hobbes-Deutung Carl Schmitts im Dritten Reich, Zeitschrift für Politik, 16. Jahrgang 1969, S. 401.
3. *Kaufmann*, Erich, Carl Schmitt und seine Schule, Deutsche Rundschau, 1958, S. 1013.
4. *Meinecke*, Friedrich, Besprechung der „Politischen Romantik" in Historische Zeitschrift, Bd. 121, (1920), S. 292.
5. *Ridder*, Helmut, Ex oblivione malum, in Festschrift für Abendroth, 1968, S. 305.
6. Derselbe, Schmittiana, Neue Politische Literatur, XII. Bd. Heft 1 und 2, 1967.
7. *Rumpf*, Helmut, Der „Nomos der Erde" und der Geist des Völkerrechts, Archiv des Völkerrechts, Bd. 4, Heft 2, 1953, S. 189.
8. Derselbe, Besprechung der „Verfassungsrechtlichen Aufsätze" im Archiv für Rechts- und Sozialphilosophie Bd. XLVII, Heft 3, 1961, S. 441.
9. Derselbe, Besprechung des Buches von Fijalkowski (vgl. II A, 1) in Zeitschrift für ausl. öffentl. Recht und Völkerrecht, Bd. 21, Heft 1, 1961, S. 117.
10. Derselbe, Besprechung des Buches von Mathias Schmitz (vgl. II, A, 3) in Archiv für Rechts- und Sozialphilosophie, Bd. LIV, Heft 1, 1968, S. 125.
11. *Schüle*, Adolf, Eine Festschrift, Juristenzeitung 1959, S. 729.
12. *Scupin*, Hans Ulrich, Besprechung der Theorie des Partisanen, Der Staat, Bd. 5, Heft 2, 1966, S. 245.
13. *Strauss*, Leo, Besprechung des „Begriffs des Politischen" in Archiv für Sozialwissenschaft und Sozialpolitik, 67. Bd. 1932, S. 732.
14. *Thoma*, Richard, Besprechung der „Geistesgeschichtlichen Lage des heutigen Parlamentarismus", Archiv für Sozialwissenschaften, Bd. 53, 1925, S. 212.

III. Benutzte Hobbes-Ausgaben

1. Molesworth, Sir William, English Works, 1839, Neudruck Scientia Verlag, Aalen, 1966, Bde. 2—4, 6.
2. Opera Philosophica, Quae Latine scripsit, Omnia, Amsterdam 1668.

3. Leviathan, ed. Michael Oakeshott, London 1946.

4. Leviathan, ed. A. D. Lindsay, Everyman's Library Nr. 691 (1962).

5. Leviathan ed. Iring Fetscher, übersetzt von Walter Euchner, Reihe Politica, Bd. 22.

6. Leviathan, ed. P. C. Mayer-Tasch, Rowohlts Klassiker, Philosophie der Neuzeit, Bd. 6 (1969).

7. Vom Menschen, Vom Bürger, ed. Günther Gawlick, Meiners Philosophische Bibliothek, Bd. 158, 2. Aufl. 1966.

8. Vom Körper (Elemente der Philosophie I) ed. Frischeisen-Köhler, Meiners Phil. Bibl. Bd. 157, 2. Aufl. 1967.

9. Behemoth, ed. William Molesworth, Neuausgabe Burt Franklin Research and Source Works Series No. 38, New York, o. J.

IV. Aus der Literatur über Hobbes

1. *Borkenau*, Franz, Der Übergang vom feudalen zum bürgerlichen Weltbild, 1934, Ausgabe der Wissenschaftl. Buchgesellschaft, 1971.

2. *Bowle*, John, Hobbes and his Critics, London, 1951.

3. *Braun*, Dietrich, Der sterbliche Gott oder Leviathan gegen Behemoth, Teil I, Zürich 1963.

4. *Brown*, K. C. (ed.) Hobbes-Studies, Oxford, 1965.

5. *Capitant*, René, Hobbes et l'Etat totalitaire, Arch. de Phil. du Droit et de Sociologie juridique, 1938, S. 46.

6. *Diderot*, Denis de, Hobbisme, Encyclopédie, Bd. VIII, 1765, S. 232.

7. *Hönigswald*, Richard, Hobbes und die Staatsphilosophie, 1924; Ausgabe der Wissenschaftlichen Buchgesellschaft, 1971.

8. *Hood*, F. C., The Divine Politics of Thomas Hobbes, Oxford, 1964.

9. *Koselleck*, Reinhart und *Schnur*, Roman, Hobbes-Forschungen, Berlin, 1969.

10. *Mac Pherson*, C. B., The Political Theory of Possessive Individualism, Hobbes to Locke, Oxford, 1962.

11. *Mintz*, Samuel J., The Hunting of Leviathan, Cambridge, 1962.

12. *Mourgeon*, Jacques, La science du pouvoir totalitaire dans le Leviathan de Hobbes, Annales de la Faculté de Droit de Toulouse, Tome XI, 1963, S. 281.

13. *Polin*, Raymond, Politique et Philosophie chez Thomas Hobbes, Paris, 1953.

14. *Schelsky*, Helmuth, Die Totalität des Staates bei Hobbes, Arch. für Rechts- und Sozialphilosophie, Bd. XXXI, 1938, S. 176.

15. *Schmitt*, Carl, Der Leviathan in der Staatslehre des Thomas Hobbes, Hamburg, 1938.

16. *Strauss*, Leo, Hobbes' politische Wissenschaft, Reihe Politica, Bd. 21, Neuwied und Berlin 1965.

17. *Tönnies*, Ferdinand, Hobbes, Leben und Lehre, 1. Aufl. 1896, 3. Aufl. 1925.

18. *Vialatoux*, Joseph, La cité totalitaire de Hobbes, Lyon 1952.

19. *Warrender*, Howard, The Political Philosophy of Hobbes — His Theory of Obligation, Oxford, 1957.

20. *Willms*, Bernard, Die Antwort des Leviathan — Thomas Hobbes' politische Theorie, Reihe Politica Bd. 28, Neuwied und Berlin 1970.

Helmut Rumpf (Dr. jur. Berlin 1939, Master of Arts, Harvard University 1938) habilitierte sich 1951 für deutsches und ausländisches Staatsrecht und Völkerrecht bei Walter Jellinek in Heidelberg, wo er bis 1958 als Privatdozent wirkte. Seit 1966 lehrt er Theorie der internationalen Beziehungen an der Ruhr-Universität Bochum, seit 1968 als Honorarprofessor. Ab 1950 bekleidete er verschiedene Ämter im auswärtigen Dienst der Bundesrepublik. Er veröffentlichte u. a.: Regierungsakte im Rechtsstaat (1955), japanische Übersetzung 1965; Verwaltung und Verwaltungsrechtsprechung, Veröffentlichung der Vereinigung der Deutschen Staatsrechtslehrer, Heft 14 (1956); Der ideologische Gehalt des Bonner Grundgesetzes (1958), japan. Übersetzung (1962); Das Recht der Truppenstationierung in der Bundesrepublik (1969); Land ohne Souveränität, Beiträge zur Deutschlandfrage (1969).